फणीश्वरनाथ रेणु

जन्म : 4 मार्च, 1921। **जन्म-स्थान :** औराही हिंगना नामक गाँव, जिला पूर्णिया (बिहार)।

हिन्दी कथा-साहित्य में अत्यधिक महत्त्वपूर्ण रचनाकार। दमन और शोषण के विरुद्ध आजीवन संघर्ष। राजनीति में सक्रिय हिस्सेदारी। 1942 के भारतीय स्वाधीनता-संग्राम में एक प्रमुख सेनानी की भूमिका।

1950 में नेपाली जनता को राणाशाही के दमन और अत्याचारों से मुक्ति दिलाने के लिए वहाँ की सशस्त्र क्रान्ति और राजनीति में सक्रिय योगदान। 1952-53 में दीर्घकालीन रोगग्रस्तता। इसके बाद राजनीति की अपेक्षा साहित्य-ज्ञान की ओर अधिकाधिक झुकाव। 1954 में बहुचर्चित उपन्यास 'मैला आँचल' का प्रकाशन।

कथा-साहित्य के अतिरिक्त संस्मरण, रेखाचित्र और रिपोर्ताज़ आदि विधाओं में भी लिखा। व्यक्ति और कृतिकार, दोनों ही रूपों में अप्रतिम। जीवन के सांध्य वेला में राजनीतिक आन्दोलन से पुनः गहरा जुड़ाव। जे.पी. के साथ पुलिस दमन के शिकार हुए और जेल गए। सत्ता के दमन-चक्र के विरोध में पद्मश्री लौटा दी।

कृतियाँ : मैला आँचल, परती परिकथा, दीर्घतपा, कितने चौराहे *(उपन्यास)*; ठुमरी, अगिनखोर, आदिम रात्रि की महक, एक श्रावणी दोपहरी में, अच्छे आदमी, सम्पूर्ण कहानियाँ, प्रतिनिधि कहानियाँ *(कहानी-संग्रह)*; ऋणजल धनजल, वन तुलसी की गन्ध, समय की शिला पर, श्रुत-अश्रुत पूर्व (संस्मरण) तथा नेपाली क्रान्ति-कथा *(रिपोर्ताज़)*; रेणु रचनावली (समग्र)।

देहावसान : 11 अप्रैल, 1977

प्रतिनिधि कहानियाँ

फणीश्वरनाथ रेणु

राजकमल पेपरबैक्स

राजकमल पेपरबैक्स में
पहला संस्करण : 1984
अठारहवाँ संस्करण : 2025

राजकमल पेपरबैक्स : उत्कृष्ट साहित्य के जनसुलभ संस्करण

राजकमल प्रकाशन प्रा.लि.
1-बी, नेताजी सुभाष मार्ग, दरियागंज
नई दिल्ली-110 002
द्वारा प्रकाशित

शाखाएँ : अशोक राजपथ, साइंस कॉलेज के सामने, पटना-800 006
पहली मंजिल, दरबारी बिल्डिंग, महात्मा गांधी मार्ग, प्रयागराज-211 001
1, अनमोल सोराबजी सन्तुक लेन, धोबी तलाव, मरीन लाइंस, मुम्बई-400 002
वेबसाइट : www.rajkamalprakashan.com
ई-मेल : info@rajkamalprakashan.com

बी.के. ऑफसेट
नवीन शाहदरा, दिल्ली-110 002
द्वारा मुद्रित

मूल्य : ₹199

PRATINIDHI KAHANIYAN
Representative Stories of Phanishwar Nath Renu
Edited by Mohan Gupta

ISBN : 978-81-267-0787-4

समूची जिंदगी की भरी-पूरी तस्वीर

फणीश्वरनाथ रेणु की कहानियाँ हमें एक ऐसे 'हिंदोस्तान' की अंतर्यात्रा पर ले जाती हैं, जो अभाव, अज्ञानता, अंधविश्वास, मजबूरी और बेबसी से घिरा है, लेकिन इस सबके बावजूद, बल्कि साथ-साथ, जिसमें जीने—भरपूर रस-रंग और फड़क के साथ जीने—की ललक है। यह ललक ही रेणु की रचना-भागीरथी का उद्गम-स्थल—गोमुख है।

रेणु के रचनाकार की मूल शक्ति उस गहरी मानवीय संवेदना में है, जो लोगों के दुख को रेणु का अपना दुख बना देती है, और इस दुख के निवारण के लिए वह खुद को जलसे-जुलूसों और आंदोलनों में झोंक देता है और कहीं भी त्राण नहीं मिलता तो अंत में कलम लेकर बैठ जाता है···

रेणु की अदम्य मानवीय संवेदना उसे अपने लोगों के इतने करीब, बल्कि उनके इतने भीतर ले जाती है कि द्वैत कतई नहीं रहता और तब उनकी पीड़ा, उनकी हताशा, उनकी आशा और उनके सपने रेणु की निज की मनमाटी में घुल जाते हैं और जब वह इस माटी से मूरतें गढ़ता है तो उन उदास मूरतों के धूसरित चेहरों पर असह्य पीड़ा, अपने समय की कड़ुवाहट, विषमताओं का विद्रूप और साथ ही कल की आशा की नन्हीं-सी मुस्कान भी होती है। रेणु के थके-हारे पात्र भी 'फेनुगिलासी' बोली बोलते हैं।

रेणु को अंचल का कथाकार कहा गया है। अंचल यानी सीमित परिवेश। वह रचनाकार को बाँध सकता था। लेकिन रेणु की गहन संवेदना तथा विराट दृष्टि ने उस अंचल को समूचे देश की सीमाओं तक विस्तृत कर दिया है। आज पुरनिया का वह प्रताड़ित अंचल भारतमाता का धूल-भरा आँचल बन गया है और इस आँचल में लिपटे लोगों का दुख-सुख पूरे देश का हो गया है।

रेणु के शिल्प की बहुत प्रशंसा हुई है। लेकिन लगता है कि वह कतई-कतई शिल्पकार नहीं है। तमाम विषमताओं के बावजूद जिंदगी इतनी रस, रंग

और गंधमयी है कि कोई शिल्पकार सिर्फ उसकी नकल कर सकता है। लेकिन रेणु ने नकल नहीं की। उसने जिंदगी को ज्यों की त्यों उँडेल दिया है। इसी कारण एक ऐसे शिल्पहीन शिल्प की सृष्टि हुई, जो नितांत सहज और रेणु का एकदम 'निजू' है।

रेणु की कहानियाँ प्रचलित अर्थों में कहानियाँ नहीं हैं। ये कहानी का एक नया अर्थ प्रचलित करती हैं। साहित्य की परख और मूल्यांकन के तमाम औजार इन कहानियों के सामने ओछे पड़ जाते हैं। और नए औजार सिर्फ रेणु गढ़ सकता था : ''एक स्वर को लेकर, विभिन्न स्वरों से उसकी क्रमिक संगति दिखला-दिखलाकर ही किसी राग के रूप को प्रकाशित किया जाता है ... ठुमरी के कथा-गायक ने ऐसी ही चेष्टा की है।''

ये कथाएँ सचमुच किसी वाचक की नहीं, गायक की हैं—संगीत से सिक्त, संपूर्ण आरोह-अवरोह के साथ। हमें नहीं लगता ये कहानियाँ फणीश्वरनाथ रेणु की हैं—ये तो 'रिणुआ' की कहानियाँ हैं—अपने औराही-हिंगनावाले रिणुआ की!

ये कहानियाँ भिन्न परिवेश और भिन्न मुहूर्त की होते भी समूची जिंदगी की एक भरी-पूरी तसवीर उकेरती हैं—माटी-गोबर से आँका गया एक विशाल भित्तिचित्र।

रेणु की कहानियों का चयन—सचमुच मुश्किल बात। उसकी कौन-सी कहानी प्रतिनिधि नहीं है। कोशिश सिर्फ यह की गई है कि रेणु की कहानियों का हर रंग और हर महक पाठक तक पहुँच सके।

नई दिल्ली
31.1.84

मोहन गुप्त

क्रम

रसप्रिया

धूल में पड़े कीमती पत्थर को देखकर जौहरी की आँखों में एक नई झलक झिलमिला गई– अपरूप-रूप !

चरवाहा मोहना छौंड़ा को देखते ही पँचकौड़ी मिरदंगिया के मुँह से निकल पड़ा– अपरूप-रूप !

···खेतों, मैदानों, बाग-बगीचों और गाय-बैलों के बीच चरवाहा मोहना की सुंदरता !

मिरदंगिया की क्षीण-ज्योति आँखें सजल हो गईं ।

मोहना ने मुस्कराकर पूछा, ''तुम्हारी उँगली तो रसपिरिया बजाते टेढ़ी हुई है ; है न ?''

''ऐं !''– बूढ़े मिरदंगिया ने चौंकते हुए कहा, ''रसपिरिया ?···हाँ···नहीं । तुमने कैसे···तुमने कहाँ सुना बे··· ?''

'बेटा' कहते-कहते वह रुक गया । ···परमानपुर में उस बार एक ब्राह्मण के लड़के को उसने प्यार से 'बेटा' कह दिया था । सारे गाँव के लड़कों ने उसे घेरकर मारपीट की तैयारी की थी– 'बहरदार होकर ब्राह्मण के बच्चे को बेटा कहेगा? मारो साले बुड्ढे को घेरकर !···मृदंग फोड़ दो ।'

मिरदंगिया ने हँसकर कहा था, 'अच्छा, इस बार माफ कर दो सरकार ! अब से आप लोगों को बाप ही कहूँगा !'

बच्चे खुश हो गए थे । एक दो-ढाई साल के नंगे बालक की ठुड्डी पकड़कर वह बोला था, 'क्यों, ठीक है न बाप जी ?'

बच्चे ठठाकर हँस पड़े थे।

लेकिन, इस घटना के बाद फिर कभी उसने किसी बच्चे को बेटा कहने की हिम्मत नहीं की थी। मोहना को देखकर बार-बार बेटा कहने की इच्छा होती है ।

''रसपिरिया की बात किसने बताई तुमसे ?···बोलो बेटा !''

दस-बारह साल का मोहना भी जानता है, पँचकौड़ी अधपगला है। ··· कौन इससे पार पाए! उसने दूर मैदान में चरते हुए अपने बैलों की ओर देखा।

मिरदंगिया कमलपुर के बाबू लोगों के यहाँ जा रहा था। कमलपुर के नंदूबाबू के घराने में अब भी मिरदंगिया को चार मीठी बातें सुनने को मिल जाती हैं। एक-दो जून भोजन तो बँधा हुआ है ही; कभी-कभी रसचरचा भी यहीं आकर सुनता है वह। दो साल के बाद वह इस इलाके में आया है। दुनिया बहुत जल्दी-जल्दी बदल रही है। ··· आज सुबह शोभा मिसर के छोटे लड़के ने तो साफ-साफ कह दिया– 'तुम जी रहे हो या थेथरई कर रहे हो मिरदंगिया?'

हाँ, यह जीना भी कोई जीना है! निर्लज्जता है; और थेथरई की भी सीमा होती है। ··· पंद्रह साल से वह गले में मृदंग लटकाकर गाँव-गाँव घूमता है, भीख माँगता है। ··· दाहिने हाथ की टेढ़ी उँगली मृदंग पर बैठती ही नहीं है, मृदंग क्या बजाएगा! अब तो, 'धा तिग धा तिग' भी बड़ी मुश्किल से बजाता है। ··· अतिरिक्त गाँजा-भाँग सेवन से गले की आवाज विकृत हो गई है। किंतु मृदंग बजाते समय विद्यापति की पदावली गाने की वह चेष्टा अवश्य करेगा। ··· फूटी भाथी से जैसी आवाज निकलती है, वैसी ही आवाज– सों-य, सों-य!

पंद्रह-बीस साल पहले तक विद्यापति नाम की थोड़ी पूछ हो जाती थी। शादी-ब्याह, यज्ञ-उपनैन, मुंडन-छेदन आदि शुभ कार्यों में विदपतिया मंडली की बुलाहट होती थी। पँचकौड़ी मिरदंगिया की मंडली ने सहरसा और पूर्णिया जिले में काफी यश कमाया है। पँचकौड़ी मिरदंगिया को कौन नहीं जानता! सभी जानते हैं, वह अधपगला है! ··· गाँव के बड़े-बूढ़े कहते हैं– 'अरे, पँचकौड़ी मिरदंगिया का भी एक ज़माना था!'

इस ज़माने में मोहना-जैसा लड़का भी है– सुंदर, सलोना और सुरीला! ··· रसप्रिया गाने का आग्रह करता है, "एक रसपिरिया गाओ न मिरदंगिया!"

"रसपिरिया सुनोगे? ··· अच्छा सुनाऊँगा। पहले बताओ, किसने ···"

"हे-ए-ए हे-ए ··· मोहना, बैल भागे ··· !" एक चरवाहा चिल्लाया, "रे मोहना, पीठ की चमड़ी उधेड़ेगा करमू!"

"अरे बाप!" मोहना भागा।

कल ही करमू ने उसे बुरी तरह पीटा है। दोनों बैलों को हरे-हरे पाट के पौधों की महक खींच ले जाती है बार-बार। ··· खटमिट्ठा पाट!

पँचकौड़ी ने पुकारकर कहा, "मैं यहीं पेड़ की छाया में बैठता हूँ। तुम बैल हाँककर लौटो। रसपिरिया नहीं सुनोगे?"

मोहना जा रहा था। उसने उलटकर देखा भी नहीं।

रसप्रिया !

विदापत नाचवाले रसप्रिया गाते थे। सहरसा के जोगेंदर झा ने एक बार विद्यापति के बारह पदों की एक पुस्तिका छपाई थी। मेले में खूब बिक्री हुई थी रसप्रिया पोथी की। विदापत नाचवालों ने गा-गाकर जनप्रिया बना दिया था रसप्रिया को।

खेत के 'आल' पर झरजामुन की छाया में पँचकौड़ी मिरदंगिया बैठा हुआ है; मोहना की राह देख रहा है। ...जेठ की चढ़ती दोपहरी में खेतों में काम करनेवाले भी अब गीत नहीं गाते हैं। ...कुछ दिनों के बाद कोयल भी कूकना भूल जाएगी क्या? ऐसी दोपहरी में चुपचाप कैसे काम किया जाता है! पाँच साल पहले तक लोगों के दिल में हुलास बाकी था। ...पहली वर्षा में भीगी हुई धरती के हरे-भरे पौधों से एक खास किस्म की गंध निकलती है। तपती दोपहरी में मोम की तरह गल उठती थी– रस की डाली। वे गाने लगते थे बिरहा, चाँचर, लगनी। खेतों में काम करते हुए गानेवाले गीत भी समय-असमय का खयाल करके गाये जाते हैं। रिमझिम वर्षा में बारहमासा, चिलचिलाती धूप में बिरहा, चाँचर और लगनी–

'हाँ...रे, हल जोते हलवाहा भैया रे...'
खुरपी रे चलावे...म-ज-दू-र!
एहि पन्थे, धनी मोरा हे रूसलि...।

खेतों में काम करते हलवाहों और मजदूरों से कोई बिरही पूछ रहा है, कातर स्वर में– उसकी रूठी हुई धनी को इस राह से जाते देखा है किसी ने?...

अब तो दोपहरी नीरस कटती है, मानो किसी के पास एक शब्द भी नहीं रह गया है।

आसमान में चक्कर काटते हुए चील ने टिंहकारी भरी– टिं...ई...टिं-हि-क!

मिरदंगिया ने गाली दी– "शैतान!"

उसको छोड़कर मोहना दूर भाग गया है। वह आतुर होकर प्रतीक्षा कर रहा है। जी करता है, दौड़कर उसके पास चला जाए। दूर चरते हुए मवेशियों के झुंडों की ओर बार-बार वह बेकार देखने की चेष्टा करता है। सब धुँधला!

उसने अपनी झोली टटोलकर देखा– आम हैं, मूढ़ी है। ...उसे भूख लगी। मोहन के सूखे मुँह की याद आई और भूख मिट गई।

मोहना-जैसे सुंदर, सुशील लड़कों की खोज में ही उसकी जिंदगी के अधिकांश दिन बीते हैं। ...विदापत नाच में नाचनेवाले 'नटुआ' का अनुसंधान खेल नहीं। ...सवर्णों के घर में नहीं, छोटी जाति के लोगों के यहाँ मोहना-जैसे लड़की-मुँहा लड़के हमेशा पैदा नहीं होते। ये अवतार लेते हैं समय-समय पर जदा

जदा हि···

मैथिल ब्राह्मणों, कायस्थों और राजपूतों के यहाँ विदापतवालों की बड़ी इज्जत होती थी। ···अपनी बोली– मिथिलाम– में नटुआ के मुँह से 'जनम अवधि हम रूप निहारल' सुनकर वे निहाल हो जाते थे। इसलिए हर मंडली का 'मूलगैन' नटुआ की खोज में गाँव-गाँव भटकता फिरता था– ऐसा लड़का, जिसे सजा-धजाकर नाच में उतारते ही दर्शकों में एक फुसफुसाहट फैल जाए।

''ठीक ब्राह्मणी की तरह लगता है। है न?''

''मधुकांत ठाकुर की बेटी की तरह··· ।''

''नः! छोटी चंपा-जैसी सूरत है!''

पँचकौड़ी गुनी आदमी है। दूसरी-दूसरी मंडली में मूलगैन और मिरदंगिया की अपनी-अपनी जगह होती। पँचकौड़ी मूलगैन भी था और मिरदंगिया भी। गले में मृदंग लटकाकर बजाते हुए वह गाता था, नाचता था। एक सप्ताह में ही नया लड़का भाँवरी देकर परवेश में उतरने योग्य नाच सीख लेता था।

नाच और गाना सिखाने में कभी उसे कठिनाई नहीं हुई; मृदंग के स्पष्ट 'बोल' पर लड़कों के पाँव स्वयं ही थिरकने लगते थे। लड़कों के जिद्दी माँ-बाप से निबटना मुश्किल व्यापार होता था। विशुद्ध मैथिली में और भी शहद लपेटकर वह फुसलाता···

''किसन कन्हैया भी नाचते थे। नाच तो एक गुण है। ···अरे, जाचक कहो या दसदुआरी। चोरी, डकैती और आवारागर्दी से अच्छा है। अपना-अपना 'गुन' दिखाकर लोगों को रिझाकर गुजारा करना।''

एक बार उसे लड़के की चोरी भी करनी पड़ी थी। ···बहुत पुरानी बात है। इतनी मार लगी थी कि···बहुत पुरानी बात है।

पुरानी ही सही, बात तो ठीक है।

''रसपिरिया बजाते समय तुम्हारी उँगली टेढ़ी हुई थी। ठीक है न?''

मोहना न जाने कब लौट आया।

मिरदंगिया के चेहरे पर चमक लौट आई। वह मोहना की ओर एक टकटकी लगाकर देखने लगा···यह गुणवान मर रहा है। धीरे-धीरे, तिल-तिल कर वह खो रहा है। लाल-लाल होंठों पर बीड़ी की कालिख लग गई है। पेट में तिल्ली है जरूर!···

मिरदंगिया वैद्य भी है। एक झुंड बच्चों का बाप धीरे-धीरे एक पारिवारिक डॉक्टर की योग्यता हासिल कर लेता है। ···उत्सवों के बासीटटका भोज्यान्नों की प्रतिक्रिया कभी-कभी बहुत बुरी होती। मिरदंगिया अपने साथ नमक-सुलेमानी,

चानमार-पाचन और कुनैन की गोली हमेशा रखता था।...लड़कों को सदा गरम पानी के साथ हल्दी की बुकनी खिलाता। पीपल, काली मिर्च, अदरक वगैरह को घी में भूनकर शहद के साथ सुबह-शाम चटाता।...गरम पानी!

पोटली से मूढ़ी और आम निकालते हुए मिरदंगिया बोला, ''हाँ, गरम पानी! तेरी तिल्ली बढ़ गई है, गरम पानी पियो।''

''यह तुमने कैसे जान लिया? फारबिसगंज के डागडरबाबू भी कह रहे थे, तिल्ली बढ़ गई है। दवा...।''

आगे कहने की जरूरत नहीं। मिरदंगिया जानता है, मोहना-जैसे लड़कों के पेट की तिल्ली चिता पर ही गलती है! क्या होगा पूछकर, कि दवा क्यों नहीं करवाते!

''माँ भी कहती है, हल्दी की बुकनी के साथ रोज गरम पानी। तिल्ली गल जाएगी।''

मिरदंगिया ने मुस्कराकर कहा, ''बड़ी सयानी है तुम्हारी माँ!''

केले के सूखे पत्तल पर मूढ़ी और आम रखकर उसने बड़े प्यार से कहा, ''आओ, एक मुट्ठी खा लो।''

''नहीं, मुझे भूख नहीं।''

किंतु मोहना की आँखों से रह-रहकर कोई झाँकता था, मूढ़ी और आम को एक साथ निगल जाना चाहता था।... भूखा, बीमार, भगवान!

''आओ, खा लो बेटा!... रसपिरिया नहीं सुनोगे?''

माँ के सिवा, आज तक किसी अन्य व्यक्ति ने मोहना को इस तरह प्यार से कभी परोसे भोजन पर नहीं बुलाया।...लेकिन, दूसरे चरवाहे देख लें तो माँ से कह देंगे।...भीख का अन्न!

''नहीं, मुझे भूख नहीं।''

मिरदंगिया अप्रतिभ हो जाता है। उसकी आँखें फिर सजल हो जाती हैं। मिरदंगिया ने मोहना-जैसे दर्जनों सुकुमार बालकों की सेवा की है। अपने बच्चों को भी शायद वह इतना प्यार नहीं दे सकता।...और अपना बच्चा! हूँ!...अपना-पराया? अब तो सब अपने, सब पराए।...

''मोहना!''

''कोई देख लेगा तो?''

''तो क्या होगा?''

''माँ से कह देगा। तुम भीख माँगते हो न?''

''कौन भीख माँगता है?'' मिरदंगिया के आत्म-सम्मान को इस भोले लड़के ने बेवजह ठेस लगा दी। उसके मन की झाँपी में कुंडलीकार सोया हुआ साँप फन

फैलाकर फुफकार उठा, "ए-स्साला ! मारेंगे वह तमाचा कि···"

"ऐ ! गाली क्यों देते हो !" मोहना ने डरते-डरते प्रतिवाद किया।

वह उठ खड़ा हुआ, पागलों का क्या विश्वास !

आसमान में उड़ती हुई चील ने फिर टिंहकारी भरी···टिं ही···ई···टिं-टिं-ग !

"मोहना !" मिरदंगिया की आवाज गंभीर हो गई।

मोहना ज़रा दूर जाकर खड़ा हो गया।

"किसने कहा तुमसे कि मैं भीख माँगता हूँ ? मिरदंग बजाकर, पदावली गाकर, लोगों को रिझाकर पेट पालता हूँ। ···तुम ठीक कहते हो, भीख का ही अन्न है यह। भीख का ही फल है यह। ···मैं नहीं दूँगा। ···तुम बैठो, मैं रसपिरिया सुना दूँ।"

मिरदंगिया का चेहरा धीरे-धीरे विकृत हो रहा है। ···आसमान में उड़नेवाली चील अब पेड़ की डाली पर आ बैठी है। ···टिं-टिं-हिं टिंटिक !

मोहना डर गया। एक डग, दो डग···दे दौड़। वह भागा।

एक बीघा दूर जाकर उसने चिल्लाकर कहा, "डायन ने बान मारकर तुम्हारी उँगली टेढ़ी कर दी है। झूठ क्यों कहते हो कि रसपिरिया बजाते समय···"

"ऐं ! कौन है यह लड़का ? कौन है यह मोहना ?···रमपतिया भी कहती थी, डायन ने बान मार दिया है।"

"मोहना !"

मोहना ने जाते-जाते चिल्लाकर कहा, "करैला !" अच्छा, तो मोहना यह भी जानता है कि मिरदंगिया 'करैला' कहने से चिढ़ता है ! ···कौन है यह मोहना ?

मिरदंगिया आतंकित हो गया। उसके मन में एक अज्ञात भय समा गया। वह थर-थर काँपने लगा। उसमें कमलपुर के बाबुओं के यहाँ जाने का उत्साह भी नहीं रहा। ···सुबह शोभा मिसर के लड़के ने ठीक ही कहा था।

उसकी आँखों में आँसू झरने लगे।

जाते-जाते मोहना डंक मार गया। उसके अधिकांश शिष्यों ने ऐसा ही व्यवहार किया है उसके साथ। नाच सीखकर फुर्र से उड़ जाने का बहाना खोजनेवाले एक-एक लड़के की बातें उसे याद हैं।

सोनमा ने तो गाली ही दी थी– 'गुरुगिरी करता है, चोट्टा !'

रमपतिया आकाश की ओर हाथ उठाकर बोली थी– 'हे दिनकर ! साच्छी रहना। मिरदंगिया ने फुसलाकर मेरा सर्वनाश किया है। मेरे मन में कभी चोर नहीं था। हे सुरुज भगवान ! इस दसदुआरी कुत्ते का अंग-अंग फूटकर··· ।'

मिरदंगिया ने अपनी टेढ़ी उँगली को हिलाते हुए एक लंबी साँस ली। ···रमपतिया ? जोधन गुरु जी की बेटी रमपतिया ! जिस दिन वह पहले-पहल

जोधन की मंडली में शामिल हुआ था– रमपतिया बारहवें में पाँव रख रही थी। ...बाल-विधवा रमपतिया पदों का अर्थ समझने लगी थी। काम करते-करते वह गुनगुनाती– 'नव अनुरागिनी राधा, किछु नँहि मानय बाधा।' ...मिरदंगिया मूलगैनी सीखने गया था और गुरु जी ने उसे मृदंग धरा दिया था ...आठ वर्ष तक तालीम पाने के बाद जब गुरु जी ने स्वजात पँचकौड़ी से रमपतिया के चुमौना की बात चलाई तो मिरदंगिया सभी ताल-मात्रा भूल गया। जोधन गुरु जी से उसने अपनी जात छिपा रखी थी। रमपतिया से उसने झूठा परेम किया था। गुरु जी की मंडली छोड़कर वह रातों-रात भाग गया। उसने गाँव आकर अपनी मंडली बनाई, लड़कों को सिखाया-पढ़ाया और कमाने-खाने लगा। ...लेकिन, वह मूलगैन नहीं हो सका कभी। मिरदंगिया ही रहा सब दिन। ...जोधन गुरु जी की मृत्यु के बाद, एक बार गुलाब-बाग मेले में रमपतिया से उसकी भेंट हुई थी। रमपतिया उसी से मिलने आई थी। पँचकौड़ी ने साफ़ ज़वाब दे दिया था– 'क्या झूठ-फरेब जोड़ने आई है? कमलपुर के नंदूबाबू के पास क्यों नहीं जाती, मुझे उल्लू बनाने आई है। नंदूबाबू का घोड़ा बारह बजे रात को...।' चीख उठी थी रमपतिया– 'पाँचू! ...चुप रहो!'

उसी रात रसपिरिया बजाते समय उसकी उँगली टेढ़ी हो गई थी। मृदंग पर जमनिका देकर वह परबेस का ताल बजाने लगा। नटुआ ने डेढ़ मात्रा बेताल होकर प्रवेश किया तो उसका माथा ठनका। परबेस के बाद उसने नटुआ को झिड़की दी– 'एस्साला! थप्पड़ों से गाल लाल कर दूँगा।' ...और रसपिरिया की पहली कड़ी ही टूट गई। मिरदंगिया ने ताल को सम्हालने की बहुत चेष्टा की। मृदंग की सूखी चमड़ी जी उठी, दाहिने पूरे पर लावा-फरही फूटने लगे और ताल कटते-कटते उसकी उँगली टेढ़ी हो गई। झूठी टेढ़ी उँगली! ...हमेशा के लिए पँचकौड़ी की मंडली टूट गई। धीरे-धीरे इलाके से विद्यापति-नाच ही उठ गया। अब तो कोई विद्यापति की चर्चा भी नहीं करते हैं। ...धूप-पानी से परे, पँचकौड़ी का शरीर ठंडी महफिलों में ही पनपा था ...बेकार जिंदगी में मृदंग ने बड़ा काम दिया। बेकारी का एकमात्र सहारा–मृदंग!

एक युग से वह गले में मृदंग लटकाकर भीख माँग रहा है– धा-तिंग, धा-तिंग!

वह एक आम उठाकर चूसने लगा–लेकिन, लेकिन, ...लेकिन ...मोहना को डायन की बात कैसे मालूम हुई?

उँगली टेढ़ी होने की खबर सुनकर रमपतिया दौड़ी आई थी, घंटों उँगली को पकड़कर रोती रही थी– 'हे दिनकर, किसने इतनी बड़ी दुश्मनी की? उसका बुरा हो। ...मेरी बात लौटा दो भगवान! गुस्से में कही हुई बातें। नहीं, नहीं। पाँचू, मैंने कुछ भी नहीं किया है। जरूर किसी डायन ने बान मार दिया है।'

मिरदंगिया ने आँखें पोंछते हुए ढलते हुए सूरज की ओर देखा। ...इस मृदंग को कलेजे से सटाकर रमपतिया ने कितनी रातें काटी हैं! ...मिरदंग को उसने अपनी छाती से लगा लिया।

पेड़ की डाली पर बैठी हुई चील ने उड़ते हुए जोड़े से कुछ कहा—टिं-टिं-हिक्!

"एस्साला!" उसने चील को गाली दी। तंबाकू चुनियाकर मुँह में डाल ली और मृदंग के पूरे पर उँगलियाँ नचाने लगा— धिरिनागि, धिरिनागि, धिरिनागि-धिनता!

पूरी जमनिका वह नहीं बजा सका। बीच में ही ताल टूट गया।

—अ्-कि-हे-ए-ए-हा-आआ-ह-हा!

सामने झरबेरी के जंगल के उस पार किसी ने सुरीली आवाज में, बड़े समारोह के साथ रसप्रिया की पदावली उठाई—

"न-व-वृन्दा-वन, न-व-न-व-तरु-ग-न, न-व-नव विकसित फूल..."

मिरदंगिया के सारे शरीर में एक लहर दौड़ गई उसकी उँगलियाँ स्वयं ही मृदंग के पूरे पर थिरकने लगीं। गाय-बैलों के झुंड दोपहर की उतरती छाया में आकर जमा होने लगे।

खेतों में काम करनेवालों ने कहा, "पागल है। जहाँ जी चाहा, बैठकर बजाने लगता है।"

"बहुत दिन के बाद लौटा है।"

"हम तो समझते थे कि कहीं मर-खप गया।"

रसप्रिया की सुरीली रागिनी ताल पर आकर कट गई। मिरदंगिया का पागलपन अचानक बढ़ गया। वह उठकर दौड़ा। झरबेरी की झाड़ी के उस पार कौन है? कौन है यह शुद्ध रसप्रिया गानेवाला? ...इस ज़माने में रसप्रिया का रसिक...? झाड़ी में छिपकर मिरदंगिया ने देखा, मोहना तन्मय होकर दूसरे पद की तैयारी कर रहा है। गुनगुनाहट बंद करके उसने गले को साफ किया। मोहना के गले में राधा आकर बैठ गई है! ...क्या बंदिश है!

"न-दी-बह नयनक नी...र!
आहो...पललि बहए ताहि ती...र!"

मोहना बेसुध होकर गा रहा था। मृदंग के बोल पर वह झूम-झूमकर गा रहा था। मिरदंगिया की आँखें उसे एकटक निहार रही थीं और उसकी उँगलियाँ फिरकी की तरह नाचने को व्याकुल हो रही थीं। ...चालीस वर्ष का अधपागल युगों के बाद भावावेश में नाचने लगा। ...रह-रहकर वह अपनी विकृत आवाज में पदों की कड़ी धड़ता— फोंय-फोंय, सोंय-सोंय!

धिरिनागि-धिनता!

''दुहु रस⋯म⋯य तनु-गुने नहीं ओर।
लागल दुहुक न भाँगय जो-र।''

मोहना के आधे काले और आधे लाल होंठों पर नई मुस्कराहट दौड़ गई। पद समाप्त करते हुए वह बोला, ''इस्स! टेढ़ी उँगली पर भी इतनी तेजी?''

मोहना हाँफने लगा। उसकी छाती की हड्डियाँ!

⋯उफ! मिरदंगिया धम्म-से जमीन पर बैठ गया– ''कमाल! कमाल!⋯ किससे सीखे? कहाँ सीखी तुमने पदावली? कौन है तुम्हारा गुरु?''

मोहना ने हँसकर जवाब दिया, ''सीखूँगा कहाँ? माँ तो रोज गाती है। ⋯प्रातकी मुझे बहुत याद है, लेकिन अभी तो उसका समय नहीं।''

''हाँ बेटा! बेताले के साथ कभी मत गाना-बजाना। जो कुछ भी है, सब चला जाएगा।⋯समय-कुसमय का भी खयाल रखना। लो, अब आम खा लो।''

मोहना बेझिझक आम लेकर चूसने लगा।

''एक और लो।''

मोहना ने तीन आम खाए और मिरदंगिया के विशेष आग्रह पर दो मुट्ठी मूढ़ी भी फाँक गया।

''अच्छा, अब एक बात बताओगे मोहना! तुम्हारे माँ-बाप क्या करते हैं?''

''बाप नहीं है, अकेली माँ है। बाबू-लोगों के घर कुटाई-पिसाई करती है।''

''और तुम नौकरी करते हो! किसके यहाँ?''

''कभलपुर के नंदूबाबू के यहाँ।''

''नंदूबाबू के यहाँ?''

मोहना ने बताया, उसका घर सहरसा में है। तीसरे साल सारा गाँव कोसी मैया के पेट में चला गया। उसकी माँ उसे लेकर अपने ममहर आई है⋯कमलपुर।

''कमलपुर में तुम्हारी माँ के मामू रहते हैं?''

मिरदंगिया कुछ देर तक चुपचाप सूर्य की ओर देखता रहा। ⋯नंदूबाबू–मोहना–मोहना की माँ!

''डायनवाली बात तुम्हारी माँ कह रही थी?''

''हाँ।''

''और एक बार सामदेव झा के यहाँ जनेऊ में तुमने गिरधर-पट्टी मंडलीवालों का मिरदंग छीन लिया था।⋯बेताला बजा रहा था। ठीक है न?''

मिरदंगिया की खिचड़ी दाढ़ी मानो अचानक सफ़ेद हो गई। उसने अपने को सम्हालकर पूछा, ''तुम्हारे बाप का क्या नाम है?''

''अजोधादास!''

"अजोधादास ?"

बूढ़ा अजोधादास, जिसके मुँह में न बोल, न आँख में लोर।···मंडली में गठरी ढोता था। बिना पैसे का नौकर बेचारा अजोधादास!

"बड़ी सयानी है तुम्हारी माँ।" एक लंबी साँस लेकर मिरदंगिया ने अपनी झोली से एक छोटा बटुआ निकाला। लाल-पीले कपड़ों के टुकड़ों को खोलकर कागज की एक पुड़िया निकाली उसने।

मोहन ने पहचान लिया– "लोट ? क्या है, लोट ?"

"हाँ, नोट है।"

"कितने रुपएवाला है ? पंचटकिया। ऐं···दसटकिया ? ज़रा छूने दोगे ? कहाँ से लाए ?" मोहना एक ही साँस में सबकुछ पूछ गया, "सब दसटकिया हैं ?"

"हाँ, सब मिलाकर चालीस रुपए हैं।" मिरदंगिया ने एक बार इधर-उधर निगाहें दौड़ाईं, फिर फुसफुसाकर बोला, "मोहना बेटा! फारबिसगंज के डागडरबाबू को देकर बढ़िया दवा लिखा लेना।···खट्ट-मिट्ठा परहेज करना।··· गरम पानी जरूर पीना।"

"रुपए मुझे क्यों देते हो ?"

"जल्दी रख ले, कोई देख लेगा।"

मोहना ने भी एक बार चारों ओर नजर दौड़ाई। उसके होंठों की कालिख और गहरी हो गई।

मिरदंगिया बोला, "बीड़ी-तंबाकू भी पीते हो ? खबरदार!"

वह उठ खड़ा हुआ।

मोहना ने रुपए ले लिए।

"अच्छी तरह गाँठ बाँध ले। माँ से कुछ मत कहना।"

"और हाँ, यह भीख का पैसा नहीं। बेटा, यह मेरी कमाई के पैसे हैं। अपनी कमाई के···।"

मिरदंगिया ने जाने के लिए पाँव बढ़ाया।

"मेरी माँ खेत में घास काट रही है। चलो न!" मोहना ने आग्रह किया।

मिरदंगिया रुक गया। कुछ सोचकर बोला, "नहीं मोहना! तुम्हारे-जैसा गुणवान बेटा पाकर तुम्हारी माँ 'महारानी' हैं, मैं महाभिखारी दसदुआरी हूँ। जाचक, फकीर···! दवा से जो पैसे बचें, उसका दूध पीना।"

मोहना की बड़ी-बड़ी आँखें कमलपुर के नंदूबाबू की आँखों-जैसी हैं···।

"रे मो-ह-ना-रे-हे! बैल कहाँ हैं रे ?"

"तुम्हारी माँ पुकार रही है शायद।"

"हाँ। तुमने कैसे जान लिया?"

"रे-मोहना-रे-हे!"

एक गाय ने सुर-में-सुर मिलाकर अपने बछड़े को बुलाया।

गाय-बैलों के घर लौटने का समय हो गया। मोहना जानता है, माँ बैल हाँककर ला रही होगी। झूठ-मूठ उसे बुला रही है। वह चुप रहा।

"जाओ।" मिरदंगिया ने कहा, "माँ बुला रही है। जाओ।···अब से मैं पदावली नहीं, रसपिरिया नहीं, निरगुन गाऊँगा। देखो, मेरी उँगली शायद सीधी हो रही है। शुद्ध रसपिरिया कौन गा सकता है आजकल?···

"अरे, चलू मन, चलू मन– ससुरार जइवे हो रामा,
कि आहो रामा,
नैहिरा में अगिया लगायब रे-की···।"

खेतों की पगडंडी, झरबेरी के जंगल के बीच होकर जाती है। निरगुन गाता हुआ मिरदंगिया झरबेरी की झाड़ियों में छिप गया।

"ले। यहाँ अकेला खड़ा होकर क्या करता है?" कौन बजा रहा था मृदंग रे?" घास का बोझा सिर पर लेकर मोहना की माँ खड़ी है।

"पँचकौड़ी मिरदंगिया।"

"ऐं, वह आया है? आया है वह?" उसकी माँ ने बोझ जमीन पर पटकते हुए पूछा।

"मैंने उसके ताल पर रसपिरिया गाया है। कहता था, इतना शुद्ध रसपिरिया कौन गा सकता है आजकल!···उसकी उँगली अब ठीक हो जाएगी।

माँ ने बीमार मोहना को आह्लाद से अपनी छाती से सटा लिया।

"लेकिन तू तो हमेशा उसकी टोकरी-भर शिकायत करती थी– बेईमान है, गुरु-दरोही है, झूठा है!"

"है तो! वैसे लोगों की संगत ठीक नहीं। खबरदार, जो उसके साथ फिर कभी गया! दसदुआरी जाचकों से हेलमेल करके अपना ही नुकसान होता है।···चल, उठा बोझ!"

मोहना ने बोझ उठाते समय कहा, "जो भी हो, गुनी आदमी के साथ रसपिरिया···।"

"चौप! रसपिरिया का नाम मत ले।"

अजीब है माँ! जब गुस्साएगी तो बाघिन की तरह और जब खुश होती है तो गाय की तरह हुँकारती आएगी और छाती से लगा लेगी। तुरत खुश, तुरत नाराज।···

दूर से मृदंग की आवाज आई—धा-तिंग, धा-तिंग !

मोहना की माँ खेत की ऊबड़-खाबड़ मेड़ पर चल रही थी। ठोकर खाकर गिरते-गिरते बची। घास का बोझ गिरकर खुल गया। मोहना पीछे-पीछे मुँह लटकाकर जा रहा था। बोला, "क्या हुआ, माँ ?"

"कुछ नहीं।"

—धा-तिंग, धा-तिंग !

मोहना की माँ खेत की मेड़ पर बैठ गई। जेठ की शाम से पहले जो पुरवैया चलती है, धीरे-धीरे तेज हो गई⋯मिट्टी की सोंधी सुगंध हवा में धीरे-धीरे घुलने लगी।

--धा-तिंग, धा-तिंग !

"मिरदंगिया और कुछ बोलता था, बेटा ?" मोहना की माँ आगे कुछ न बोल सकी।

"कहता था, तुम्हारे-जैसा गुणवान बेटा⋯"

"झूठा, बेईमान !" मोहना की माँ आँसू पोंछकर बोली, "ऐसे लोगों की संगत कभी मत करना।"

मोहना चुपचाप खड़ा रहा।

विघटन के क्षण

रानीडिह की ऊँची जमीन पर—लाल माटीवाले खेत में—अक्षत-सिंदूर बिखरे हुए हैं—हजारों गौरैया-मैना सूरज की पहली किरण फूटने के पहले ही खेत के बीच में 'कचर-पचर' कर रही हैं। बीती हुई रात के तीसरे पहर तक, जहाँ सारे रानीडिह गाँव की कुमारी-कन्याएँ कचर-पचर नृत्य-गीत-अभिनय कर चुकी हैं।

रात में शामा-चकेवा 'भँसाया' गया है⋯प्रतिमा-विसर्जन !

श्यामा, चकवा, खंजन, बटेर, चाहा, पनकौआ, हाँस, बनहाँस, अधँगा, लालसर, पनकौड़ी, जलपरेवा से लेकर कीट-पतंगों में भुनगा, भेम्हा, अँखफोड़वा, गंधी, गोबरैला तक की मिट्टी की छोटी-छोटी नन्हीं-नन्हीं मूर्तियाँ गढ़ी गई थीं, रँगी

गई थीं। दो रात तक उन्हें ढेलेवाले खेतों में चराया गया अर्थात उनकी पूजा की गई। रात को विसर्जन!

बिरनावन (बृंदावन) जले है— सैकड़ों। हजारों चुगलों के पुतले! पुतलों की शिखाएँ जली हैं— घर-घर में तू झगड़ा लगावे, बाप-बेटा से रगड़ा करावे; सब दिन पानी में आगि लगावे, बिनु कारन सब दिन छुछुवावे— तोर 'टिकी' में आगि लगायब रे चुगला… छुछुंदरमुँहे… मुँह-झौंसे… चुगले… हाहाहाहा!

सैकड़ों लड़कियों की खिलखिलाहट! तालियाँ!

तारे झरे, पायल झनके। हुस्नहिना के गुच्छों ने लंबी साँस ली। रात भीग गई…।

धरती पर बिखरे अक्षत-सिंदूर। दूबों पर बिखरे मोती के दाने। …छोटे-छोटे इंद्रधनुषों के टुकड़े!

…अचानक, एक चील ने डैना फड़फड़ाया। सभी चिरैयाँ एक साथ भड़ककर उड़ीं। गौरैयों की विशाल टोली सरसों के खेत में जा बैठी।

बहुत दिनों के बाद— कोई पाँच बरस के बाद— धूमधाम से 'शामा-चकेवा' पर्व मनाया है रानीडिह की कुमारियों ने।

एक चदरी-भर सरदी पड़ गई। अगहनी धान के खेतों में अब हलकी लाली दौड़ गई है अर्थात अब दोनों में दूध सूख रहा है। आलू के पौधों में पत्तियाँ लग गई हैं। सुबह-सुबह गोभी की सिंचाई कर रहे हैं, सभी।

''बिजैया' दी! तू इतना सबेरे 'कोबी' जो पटाती हो, सो बेकार ही ना? तू तो अब पटना में रहेगी…।''

''चुप हरजाई!'' गंगापुरवाली दादी ने चिढ़कर चुरमुनियाँ को झिड़की दी, ''दिन-भर बेबात की बात बकबक करती रहती है यह रत्ती-भर की छौंड़ी।''

चुरमुनियाँ, रत्ती-भर की छोकरी चुप नहीं रही। आँखें नचाकर, ओंठों को बिदकाकर बोली, ''हुँह! तोरे तो मजा है। कोबी रोपकर पटा रही है बिजैया' दी और टोकरी भर-भरके फूल बेचेगी तू। और जब हिसाब पूछेगी पटना से आकर मालकिन-काकी तो…तो…ई ऊ ऊँगली तोड़ना, ऊँगली मोड़ना मगर भूलल हिसाब कभी न जोड़ना…हिहिहिहि…!''

दादी ने इस बार एक गंदी गाली दी। गाली सुनकर चुरमुनियाँ ने विजया की ओर देखा। विजया शुरू से ही मुसकरा रही थी। इस कालीकलूटी लड़की की मीठी शैतानी को वह खूब समझती है। जहर है यह छोकरी! लछमन की पोती!

गंगापुरवाली दादी को चुरमुनियाँ की बात लगी नहीं, किंतु वह नकियाकर कुछ बोली। चुरमुनियाँ ने समझ लिया। बोली, ''क्यों दादी, मैं झूठ कहती हूँ? बेचारी

गंगापुरवाली दादी, जो गंडा से आगे गिनती न जाने, उससे मलकिन-काकी पूछेगी, 'पाँच टके सैकड़ा के दर से डेढ़ सौ बीजू आम का दाम ?' हे-हे-ए—हा-हा-हा बस ; दादी को तो 'आकाशी' लग गई— ही-ही-ही-ही !''

विजया बोली, ''जल्दी-जल्दी हौज भर दे ।''

आठ-नौ साल की इस लड़की से पार पाना खेल नहीं । विजया को छोड़कर उससे और कोई काम नहीं ले सकता, उसकी माँ भी नहीं । बाप को तो वह बोलने ही नहीं देती कुछ ।

जब से विजया रानीडिह आई है, चुरमुनियाँ दिन-रात 'बड़घरिया' हवेली में ही रहती है ।

कल चुरमुनियाँ कह रही थी, ''बिजैया' दी, तू आई है तो लगता है रानीडिह गाँव में कोई 'परब-त्योहार'...माने...ठीक देवी-दुर्गा के मेला के समय जैसा लगता है वैसा ही लगता है । अब तो तुम भी ठीक 'खरगेंट' (खंजन) चिरैया की तरह साल में एक बार आओगी, जैसे मलकिन-काकी आती है ।...अब तुम भी शहर में जाकर 'चोंचवाली अँगिया' पहनोगी ।''

''लात खाएगी अब तू ।'' दादी ने साग खोंटते चेतावनी दी, ''है तनिक भी बड़े-छोटे का लिहाज इस छिनाल को ?''

दादी बीच-बीच में बाल पकड़कर घसीटती-पीटती भी है, और उस दिन सारे गाँव में कुहराम मच जाता है; चुरमुनियाँ किसी राख के घूरे में लोट-लोटकर एकदम 'भूतनी' हो जाती है और उसके मुँह से छंदबद्ध पंक्तियाँ— 'रुदनगीत' की— अनायास ही निकलती रहती हैं— ''री-ई-ई बुढ़िया गंगपरनी, बड़घरिया की घरनी, हमारो सौतिनी-ई-ई बिना रे करनवा हमरा मारलि गे-ए-बुढ़िया गंगपरनी ई-ई...।'' लड़की तो नहीं, एक 'अवतार' है, समझो ।

गंगापुरवाली दादी की मुस्कराहट पोपले मुँह पर देखने योग्य होती है । हँसती हुई कहती है, ''जानती है बिजै, भागलपुरवाली को इस निगोड़ी ने कैसा 'बेपानी' किया था ?''

गंगापुरवाली दादी ने मद्धिम आवाज में कहा, ''भागलपुरवाली उस बार आई भादों में । एक दिन 'बक्कस' से कपड़ा निकालकर धूप में सुखाने को दिया । कपड़ों को पसारते समय यह 'लौंगी-मिर्च-छौंड़ी' अचानक चिल्लाने लगी—ले ले लाला...जर्मनवाला...रबड़वाला...गेंदवाला...चोंचवाला...। मैंने झाँककर देखा, बाँस की एक कमानी में भागलपुरवाली की 'अँगिया' लटकाए चुरमुनियाँ नचा-नचाकर चिल्ला रही है । उधर, दरवाजे पर, दरवाजा-भर पंचायत के लोग ।...भागलपुरवाली जलती 'उकाठी' लेकर दौड़ी थी ।''

गंगापुरवाली दादी के साथ विजया भी हँसते-हँसते लोट-पोट हो गई।

चुरमुनियाँ खोजकर बड़ी बाल्टी ले आई।

आठ बजे वाली गाड़ी आने से पहले ही गोभी की सिंचाई हो गई। बाल्टी-लोटा-डोरी लेकर चुरमुनियाँ के साथ विजया भाजी की बगिया से बाहर आई। इस बार चुरमुनियाँ अपने झबरे बालों में उँगली चलाते हुए बोली, ''बिजैया'दी, सचमुच कल ही चली जाओगी? धेत्त... मत जाओ बिजैया'दी!''

इस बार विजया ने एक लंबी साँस ली।

बड़घरिया हवेली। पहले यही अकेली हवेली थी।

पहले सिर्फ 'बड़घरिया' कहने से ही लोग समझ लेते थे—रानीडिह का चौधरी-परिवार। अब 'हवेली' जोड़ना पड़ता है, क्योंकि रानीडिह में अब एक नहीं, कई 'बड़घरिया' हैं।

बड़घरिया हवेली के एकमात्र वंशधर श्री रामेश्वर चौधरी एम.एल.ए. पिछले कई वर्ष से पटना में ही रहते हैं, सपरिवार। दूर-रिश्ते की एक मौसी यानी गंगापुरवाली दादी बड़घरिया हवेली का पहरा करती है। हलवाहा सीप्रसाद खेती-बारी देखता है। लोग उसे 'मनीजर' कहते हैं। मखौल में रखा हुआ नाम ही अब 'चालू' हो गया है सीप्रसाद का— 'मनीजर'।

'छिटपुट जमीन' यानी आधीदारी पर लगी हुई जमीनों की हर साल बिक्री करके रामेश्वर बाबू अब 'निझंझट' हो गए हैं; खुदकाश्त में थोड़ी-सी जमीन है, पोखर और बाग-बगीचे हैं। जिस दिन कोई बड़ा गाहक लग जाए, बेचकर छुट्टी! छुट्टी माने, इस रानीडिह गाँव से, अपनी 'जन्मभूमि' से कोई लगाव— किसी तरह का संबंध नहीं रखना चाहते रामेश्वर बाबू।...मजबूरी है!

पिछले पंद्रह साल से रामेश्वर बाबू पटना में रहते हैं—पटना के एम.एल.ए. क्वार्टर में। अब राजेंद्रनगर में घर बनवा रहे हैं। इस बार संभव है, 'पार्टी-टिकट' नहीं मिले। किंतु, अब गाँव रानीडिह लौटकर नहीं आ सकते। किसी गाँव में अब नहीं रह सकते...!

स्वर्गीय बड़े भाई सिद्धेश्वर चौधरी की विधवा की हाल ही में मृत्यु हो गई। बड़े भाई की एकमात्र संतान विजया, जो अपनी माँ के साथ पिछले सात-आठ साल से मामा के घर थी, सोलहवाँ साल पार कर रही है। विजया के बड़े मामा ने कड़ी चिट्ठी लिखी विजया के काका को इस बार—'जिनके त्याग और बलिदान का मीठा फल आप खा रहे हैं उनकी स्त्री को तो झाड़ू मारकर ऐसा निकाला कि...। खैर, वह मरी

और दुख से उबरी । लेकिन, आपका 'सिरदर्द' दूर नहीं हुआ है । अभी आपको थोड़ा और कष्ट भोगना बाकी है । विजया अब ब्याहने के योग्य हो गई । ···यदि आप मेरे इस पत्र पर ध्यान नहीं देंगे तो मुझे मजबूर होकर आपकी पार्टी के प्रधान को लिखना पड़ेगा !'

इस बार दुर्गापूजा की छुट्टी में रामेश्वर बाबू अपनी स्त्री (भागलपुरवाली) के साथ रानीडिह आए । नारायणगंज आदमी भेजकर विजया को बुलवा लिया । काली-पूजा के बाद जब पटना वापस आने लगे तो गंगापुरवाली ने कहा, ''बिजैया यहाँ दस दिन और रहकर 'साग-भाजी' लगा जाती । फिर भागलपुरवाली बहू तो धान काटने के लिए एक महीना के बाद आवेगी ही । उसी के साथ चली जावेगी !''

रामेश्वर बाबू को बात पसंद आई । कहा, ''ठीक है । 'नवान्न' के बाद ही विजया जाएगी, पटना ।''

लेकिन परसों चिट्ठी आई है– बहू धान काटने के लिए इस बार नहीं आ सकती । मकान बन रहा है । दिन-रात मजदूरों के सिर पर सवार रहना पड़ता है । अगले सप्ताह 'ढलैया' शुरू होगी । इसलिए 'शामा-चकेवा' के बाद विजया अपने छोटे मामा के साथ चली आवे पटना···जरूर-से-जरूर··· ।

आज शाम तक विजया के छोटे मामा नारायणगंज से आ जाएँगे । कल गाड़ी से विजया पटना चली जाएगी ।

चुरमुनियाँ अपने घर का बस एक काम करती है । साँझ को पूरब-टोले के साहू की दुकान से सौदा ला देती है– मकई, चना, नून, तेल, बीड़ी । हिसाब जोड़ने में कभी एक पाई भी गलती नहीं करती । अपने दादा-दादी से ज्यादा हिसाब जानती है वह । साहू की दुकान पर होनवाली 'गप' में चुरमुनियाँ 'रस' डाल देती है– ''अब बिजैया'दी भी चली जाएगी । कल ही जाएगी ।''

''और गंगापुरवाली ?''

''ऊ चली जाएगी तो यहाँ कलमी आम का 'बगान' कौन 'जोगेगी' रात-भर जगकर ?''

चुरमुनियाँ की बात सुनकर सभी हँसे । रामफल की घरवाली ने पूछा, ''और तुझे नहीं ले जा रही बिजैया ?''

''धेत ! मैं क्यों जाऊँ ?''

सच्चिदा पाँच पैसे का कपूर लेने आया था । विजया के कल ही जाने की खबर सुनकर स्तब्ध रह गया ।

उजड़े हुए हिंगना-मठ पर खंजड़ी बजाकर सतगुरु का नाम लेनेवाला एकमात्र बाबा जी सूरतदास बैरागी कहता है, ''सभी जाएँगे । एक-एक कर सभी जाएँगे ।''

गाँव की मशहूर झगड़ालू और बंठा की माँ बोली, ''ई बाबा जी के मुँह में 'कुलच्छन' छोड़कर और कोई बानी नहीं। जब सुनो तब—सभी जाएँगे! जब से यह बानी बोलने लगा है बूढ़ा बाबा जी, गाँव के 'जवान-जहान' लड़के गाँव छोड़कर भाग रहे हैं। पता नहीं, शहर के पानी में क्या है कि जो एक बार एक घूँट भी पी लेता है, फिर गाँव का पानी हजम नहीं होता। गोबिन गया, अपने साथ पँचकौड़िया और सुगवा को लेकर। उसके बाद, बाभनटोले के दो बूढ़े अरजुन मिसर और गेंदा झा···।''

रामफल की बीवी ने बीच में ही बंठा की माँ को काट दिया, ''अरजुन मिसर और गेंदा झा की बात कहती हो, मौसी? तो पूछती हूँ कि गाँव में वे दोनों करते ही क्या थे? 'बिलल्ला' होकर इसके दरवाजे से उसके दरवाजे पर खैनी 'चुनियाते' और दाँत निपोड़कर भीख माँगते दिन काटते थे। अब शहर में जाकर 'होटिल' में भात राँधते हैं दोनों। पिछले महीने अरजुन मिसर आया था। अब बटुआ में पनडब्बा और सुर्ती रखता है। तोंद निकल गया है।''

''तो तू भी रामफल को क्यों नहीं भेज देती? तोंद निकल जाएगा।''

किसी ने कहा, ''एह! सभी जाकर शहर में 'रिश्कागाड़ी' खींचते हैं। हे भगवान! अँधेर है।''

जवाब मिला, ''क्यों? रिक्शा खींचना बहुत बुरा काम है क्या? पाँच रुपए रोज की कमाई यहाँ किस काम में होगी, भला?''

सभी ने देखा, कैवर्तटोली का सच्चिदा, जो पाँच पैसे का कपूर लेने आया था, पूछ रहा है, ''बताइए?''

किसी ने कोई जवाब नहीं दिया।

सच्चिदा चला गया तो चुरमुनियाँ ने ओठ बिदकाकर कहा, ''इसके भी पंख फड़फड़ा रहे हैं। ···ई भी किसी दिन उड़ेगा। फुर्र-र।''

हँ हँ हँ हँ! बहुत देर से रुकी हँसी छलक पड़ी। लोग बहुत देर तक उसकी बात पर हँसते रहे। चुरमुनियाँ की दादी पुकारने लगी, ''अरी ओ चुरमुनियाँ!''

रात में चुरमुनियाँ बड़घरिया-हवेली में ही सोती है, गंगापुरवाली दादी के साथ। दादी सुबह-शाम चाय पीती है और चुरमुनियाँ को चाय की आदत पड़ गई है। आज रविवार है। आज रात में दो बार चाय पिएगी, गंगापुरवाली दादी।

लेकिन आज चाय पीने का जी नहीं होता। चुरमुनियाँ चुपचाप अपनी कथरी में सिमट-सिकुड़कर अँगीठी पर चढ़ी केतली में पानी की 'गनगनाहट' सुन रही है। दादी ने दिल्लगी के सुर में पूछा, ''आज तुमको किसका 'बिरह-बिजोग' सता रहा है जो इस तरह···?''

चुरमुनियाँ चिढ़ गई। "मुझे अच्छी नहीं लगती तुम्हारी यह बानी।"

"ऐ-हे! अच्छी बानी की नानी रे। आखिर तुझको हुआ क्या है?"

क्या जवाब दे चुरमुनियाँ!

सभी, एक-एक कर गाँव छोड़कर जा रहे हैं। सच्चिदा भी चला जाएगा तो गाँव की 'कबड्डी' में अकेले पाँच जन को मारकर दाँव अब कौन जीतेगा? आकाश छूनेवाले भुतहा-जामुन के पेड़ पर चढ़कर शहद का 'छत्ता' अब कौन काट सकेगा? होली में जोगीड़ा और भड़ोआ गानेवाला—अखाड़े में ताल ठोकनेवाला⋯सच्चिदा भैया!

⋯पिछले साल से होली का रंग फीका पड़ रहा था। आठ-नौ साल की चुरमुनियाँ की नन्ही-सी जान, न जाने किस संकट की छाया देखकर डर गई है—क्या रह जाएगा?

चुरमुनियाँ गा-गाकर रोना चाहती है करुण सुर में—एक-एक पंक्ति को जोड़कर गाकर रोना जानती है, वह। धीमे सुर में उसने शुरू किया—'आ गे मइयो यो यो⋯।"

गंगापुरवाली दादी ने झिड़की दी, "ऐ-हे! ढँग देखो इस रत्ती-भर छिनाल का। नाक से रोने बैठी है भरी साँझ की बेला में। उठ, जाके देख बिजैया काहे पुकार रही है।"

"गोलपारक क्या, भैया?"

गाँव के नौजवानों के तन-मन में 'फुरहरी' लग रही है, फुलकन की शहरी-गप सुनकर। मज़ेदार गप! इस गप में एक ख़ास किस्म की गंध है—फुलकनी के 'बाबड़ी-केश' से जैसी गंध आती है, ठीक वैसी ही।

फुलकन फुलझड़ी उड़ा रहा है, "रजिन्नरनगर? अब उसके बारे में कुछ मत पूछो, भैयो! साला, ऐसा सहर कि लगता है कि धरती फोड़कर 'गोबर छत्ते' की तरह रोज मकान उगते जा रहे हैं। होगा नहीं भला? वहाँ कोई भी काम हाथ से थोड़ो होता है? सुर्खी कुटाई से लेकर सिमटी-सटाई और चूना-पुताई—सबकुछ 'मिशिन' से। बाल काटने जाओ तो नाई एक ऐसा 'मिशिन' लगा देगा कि चटपट हजामत खत्म।⋯ दस कदम पर एक-एक गोलपारक⋯।"

"गोलपारक क्या, भैया?"

"अब क्या बतावें कि गोलपारक क्या है और कैसा होता है? वह देखने पर ही समझोगे। मुँह की बोली में उतने किस्म का रंग कहाँ से लावेंगे? समझो कि 'सीकी'

की एक बहुत बड़ी सतरंगी 'डालिया' धरती पर रखी हुई है।...जब साँझ को लंब-लंबे 'मरकली' के डंडे छटाक-छटाक कर जल उठते हैं और साँझ के झुटपुटे में ठंडी-ठंडी हवा खाती हुई अधनंगी लड़कियाँ... लड़की तो नहीं, समझो कि 'फिलिइस्टार...'।"

"फिलि...क्या...?"

"धेत्तेरे की ! फिलिइस्टार भी नहीं समझते ? अरे, पिक्चर की लड़की रे पिक्चर की !"

"पिक्चर...?"

"अब तुम लोगों को क्या समझावें !... माने, सिनेमा की छापी की लड़की। समझे ?"

"...पिक्चर की लड़की, छापी की लड़की ?" क्या-क्या बोलता है, फुलकन ? क्या था और क्या से क्या होकर लौटा है ! गाँव के नौजवानों की देह कसमसाने लगती है। फुलकन पटना में, 'रिश्कागाड़ी' खींचता है।... खींचता नहीं है, 'डलेवरी' करता है। फुलकन रिश्का-डलेवर है।

"अच्छा ! रिश्का-डलेवरी कितने दिनों में सीखा जा सकता है ?"

"सिखानेवाला उस्ताद हो और सीखनेवाला 'जेहन' का तेज हो तो तीन ही दिन में 'हैंडिल' थिर हो जा सकता है।...असल 'चीजवा' है 'हैंडिल' !"

...गाँव के लड़कों ने लक्ष्य किया, फुलकन ख़ास-ख़ास बात में 'वा' लगाकर बोलता है—टिकटिवा, कगजवा, बतवा, चीजवा।

फुलकन ने अब पॉकेट से 'छापियों' का लिफ़ाफ़ा निकाला, "और देखो, देखनेवालो... !"

"ऐ हे ! बाप... !!"

"फिलि की छापी की तसवीर की लड़की ?"

"अँह ! राह-घाट में इसी तरह 'कच्छा-लँगोटा' पहनकर चलती है ? कोई कुछ कहता नहीं ?"

सभी 'लहेंगड़े-लौंड़ों' के सिर पर छापियाँ नाचने लगीं। नाचती रहीं।...रात में, सपने में भी छापी की लड़कियाँ नाचती रहीं और एकाध को 'भरमा' भी गईं।

विजया को अचरज होता है ! गाँव खाली होने का, गाँव टूटने का जितना दुख-दर्द इस छोटी-सी चुरमुनियाँ को है, उतना और किसी को नहीं। विजया इस गाँव में सात-साठ साल के बाद आई है तो क्या ? है तो इसी गाँव की बेटी।

जब से पटना जाने की बात तय हुई है, अंदर-ही-अंदर वह फूट रही है—रजनीगंधा के डंठलों की तरह। वह पटना नहीं जाना चाहती। वह इसी गाँव में रहना चाहती है।··· बाबू जी की याद आती है, माँ की याद आती है। मिल-जुलकर आती है। कलेजा टूक-टूक होने लगता है तो इमली का बूढ़ा पेड़, बाग-बगीचे, पशु-पंछी—सभी उसे ढाढ़स बँधाते हैं। एक अदृश्य आँचल सिर पर हमेशा छाया रहता है। यहाँ आते ही लगता है, बाबू जी बाग में बैठे हैं, माँ रसोई-घर में भोजन बना रही है। इसीलिए, मामा का गाँव-घर कभी नहीं भाया उसे। अपने बाप के 'डिह' पर वह टूटी मड़ैया में भी सुख से रहेगी। लेकिन···।

"बिजैया'दी!"

···चुरमुनियाँ ने आज चोरी पकड़ ली, शायद! विजया जब से आई है, रोज़ रात में चुपचाप रोती है। रोज सुबह उठकर तकिये का गिलाफ बदल देती है।

"बिजैया'दी?" चुरमुनियाँ अब उठकर बैठ गई।

गंगापुरवाली दादी करवट लेती हुई बड़बड़ाई, "क्यों गुल मचाकर जगा रही है, नाहक?"

विजया ने कनखी-नज़र से देखा, चुरमुनियाँ सोई हुई गंगापुरवाली दादी को मुँह चिढ़ाती है, ओंठों को बिदकाकर! इसका अर्थ होता है, 'तुमको क्या? दो-बार 'चाह' पी चुकी है। यहाँ बिजैया'दी कल से ही अन्न-पानी छोड़कर पड़ी हुई है।'

विजया ने देखा, चुरमुनियाँ उठकर बाहर गई। आकाश के तारों को देखा। फिर बड़बड़ाती अंदर आई, "इह, अभी बहुत रात बाकी है।"

चुरमुनियाँ आकर विजया के पैताने में बैठ गई और धीरे-धीरे उसके पैरों को सहलाने लगी।

···इस लड़की ने तो और भी जकड़ लिया है, माया की डोर से। उसने पैर समेटकर कहा, "यह क्या कर रही है?"

चुरमुनियाँ हँसी, "थीं तो जगी हुई ही। फिर जवाब क्यों नहीं दिया?"

"तुझे नींद नहीं आती?"

चुरमुनियाँ ने गंगापुरवाली दादी की ओर दिखलाकर इशारे से कहा, "दादी की नाक इस तरह बोलती है मानो 'अरकसिया' आरा चला रहा हो!"

विजया को हँसी आई। उसने डाँट बताई, "क्यों झूठ बोलती है? दादी की नाक आज एक बार भी नहीं बोली है।"

"तुम जगी नहीं थीं तो तुमने जाना कैसे?" चुरमुनियाँ जीत गई। "जानती है बिजैया'दी? लगता है, सच्चिदा भी अब सहर का रास्ता पकड़ेगा।··· जाओ भाई, सभी जाओ। यहाँ गाँव में क्या है? सहर में बायस्कोप है, सरकस है, सलीमा है···!"

''सोने भी देगी ?'' विजया का जी हलका हुआ थोड़ा।

''नहीं।''

''क्यों ?''

''कल रात से तो और तुमको नहीं पाऊँगी। आज रात-भर सताऊँगी।''

कुछ देर तक चुप्पी छाई रही। दोनों ने लंबी-साँस ली।

''बिजैया'दी ?'' चुरमुनियाँ सटकर सो गई।

''क्या है रे ?''

''सहर के दुल्हे से सादी मत करना।''

विजया ठठाकर हँसना चाहती थी। उसने बहुत मुश्किल से अपनी हँसी को ज़ब्त करके पूछा, ''सो क्यों ? शहर के लोगों ने तेरा क्या बिगाड़ा है ?''

''मेरा क्या बिगाड़ेगा कोई !''

''तो, किसका बिगाड़ेगा ?''

''तुम्हारा··· बिजैया'दी ! तू सादी ही मत करना। वे लोग तुमको कभी फिर इस गाँव में नहीं आने देंगे।'

''क्यों ?''

''जब गाँव का आदमी ही गाँव छोड़कर सहर भाग रहा है तो सहर का आदमी अपनी 'जनाना' को गाँव आने देगा भला ?''

''मुझे बाँध रखेंगे क्या ?''

''हाँ, बाँधकर रखेंगे। कमरे में बंद करके।''

गंगापुरवाली दादी उठकर बैठ गई और 'जाप' करने लगी। दोनों चुप हो गईं।

गंगापुरवाली दादी बाहर गई। विजया ने देखा, चुरमुनियाँ सो गई है। वह धीरे-धीरे उसके झबरे बालों पर हाथ फेरने लगी।

सुबह उठकर बाहर निकलते ही चुरमुनियाँ चिल्लाई, ''देख-देख बिजैया'दी, 'लीलकंठ' देख लो !''

गोढ़ी-टोले से एक जिंदा मछली ले आई चुरमुनियाँ और मिट्टी के बर्तन में पानी डालकर सामने रख दिया। फिर गाँव से उत्तर, बाबा जीन-पीर के थान की मिट्टी लाने गई। सुबह से ही वह काम में मगन है, चुपचाप। विजया के मामा ने कई बार छेड़कर चिढ़ाने की चेष्टा की। विजया ने भी कई बार चुटकी ली। मगर वह चुप रही। आज वह गंगापुरवाली दादी की गालियों का न जवाब देती है और न ओंठों को बिदकाकर मुँह चिढ़ाती है। ···कल कह रही थी, 'जानती है बिजैया'दी, तुम चली जाओगी तो कल से दादी गाली भी नहीं देगी। दिन-रात मुँह फुलाकर बैठी रहेगी या आँख मूँदकर जाप करेगी।'

दोपहर को जब विजया के मामा भोजन करने बैठे तो चुरमुनियाँ ने मुँह खोला, "मामा, बिजैया'दी को भी अपने सामने बैठकर खाने को कहिए। कल से ही मुँह में… कुछ… नहीं।"

लगा, बालू का बाँध अरराकर टूट गया। फफककर फूटकर रो पड़ी चुरमुनियाँ, "बिजैया'दी यहाँ से… भूखी-प्यासी… जाएगी ई-ई-ई…!"

चुरमुनियाँ की बरसती हुई लाल-लाल आँखों में विजया ने कुछ देखा और वह सिहर पड़ी। …रोते-रोते मर जाएगी यह लड़की! उसने रुँधे हुए गले से चुरमुनियाँ को समझाना शुरू किया, "चल! पहले उठकर नहा ले! मैं तुम्हारे साथ ही बैठकर खाऊँगी। उठ!"

विजया के मामा को अचरज हुआ। आज तक विजया ने किसी बच्चे-बच्ची को इस तरह दुलार-भरे सुर में नहीं पुचकारा। वे जल्दी-जल्दी भोजन करके बाहर दालान पर चले गए।

विजया ने चुरमुनियाँ को नहलाया-धुलाया। गंगापुरवाली दादी ने बाहर निकलकर कई भद्दी गालियाँ दीं। किंतु आज उसकी गाली सुनकर भी चुरमुनियाँ रोती है। … कल से दादी गाली देना भी बंद कर देगी।

खाने के समय विजया ने टोका, "पेट भरकर खा।"

चुरमुनियाँ बोली, "मैं भी वही कह रही थी तुमसे।"

फिर दोनों हँस पड़ीं। हँसते-हँसते रोने लगीं।

बाहर मामा ने सूचना के लहजे में कहा, "तीन बज रहे हैं।" अर्थात, अब दो घंटे और। साढ़े छह बजे की गाड़ी पकड़ने के लिए पाँच बजे ही घर से निकल पड़ना होगा।

चुरमुनियाँ बोली, "जमराज!"

विजया हँसते-हँसते लोट-पोट हो गई। … मन की बात कही है चुरमुनियाँ ने।

देखते-ही-देखते सूरज ढल गया। अब, एक घंटा और!

सामान वगैरह बाहर दालान में भेजकर विजया ने चुरमुनियाँ को 'पूजा-घर' में पुकारा। गंगापुरवाली दादी रसोईघर में पकवान छान रही थी। चुरमुनियाँ अंदर गई।

"देख चुरमुन, इधर आ। इस घर में रोज झाड़ू-लेपन, साँझ-धूप-बाती देना मत भूलना।"

"तुमको कहना नहीं होगा। मैं घर के 'देवता-पित्तर' से लेकर गाँव के देवता-बाबा जीन-पीर के थान में रोज झाड़ू-बुहारी दूँगी—यही मनौती मैंने की है कि हे मैया गौरा पारबती!—कि हे बाबा जीन-पीर… हमारी बिजैया'दी को कोई इस

सहर में बाँधकर नहीं रखे।…जिस दिन तू लौटकर आएगी, मैं देवी 'गहवर' में नाचूँगी–सिर पर फूल की डलिया लेकर। तू लौट आवेगी तो सब कोई लौटकर आवेंगे। भूले-भटके, भागे-पराए–सभी आवेंगे। तू नहीं आएगी तो इस गाँव में अब धरा ही क्या है ? जो भी है, वह भी एक दिन नहीं रहेगा। सिर्फ गाँव की निसानी, घरों के डिह…।"

"नहीं चुरमुन, ऐसी बात मत बोल।"

"तो, सत्त करो। मेरी देह छूकर कहो…।"

चुरमुनियाँ अपलक नेत्रों से विजया को देखती रही। विजया भी उसकी आँखों में डूब गई, "चुरमुन, मैं शहर में नहीं रह सकूँगी। मैं लौट आऊँगी। यहीं जीऊँगी, यहीं मरूँगी…।"

"नः नः, 'जातरा' के समय कुलच्छन-भरी बात मत निकालो मुँह से।…जानती है बिजैया'दी, मुझे कैसा लगता है, कहूँ ?… लगता है, तू मेरी बेटी है और मैं तुम्हारी माँ। तू मुझे…माने…अपनी माँ को हमेशा के लिए छोड़कर जा रही है।'

विजया चौंकी, तनिक। उसने चुरमुनियाँ के चेहरे पर उमड़ने-घुमड़नेवाली घटाओं को देखा। वह बोली, "हाँ, तू मेरी माँ है।… तू ही मेरी माँ है।"

चुरमुनियाँ आनंद-विभोर हो गई। "बिजैया'दी, जी छोटा मत करो। रोओ मत !…कलेजा मजबूत करो।… 'कहल-सुनल' माफ करना। …अच्छा तो, पाँव लागों।"

बैलगाड़ियाँ चल पड़ीं। दालान के पास, गंगापुरवाली दादी के साथ चुरमुन टुकुर-टुकुर देखती रही…।

विजया उँगलियों पर जोड़ती है–ग्यारह महीने ! ग्यारह-तीसे, तीन-सौ तीस…?

चुरमुनियाँ ने ठीक ही कहा था। सच्चिदा भी शहर आ गया है और प्राइवेट कंपनी में दरबानी करता है। गाँव से जो भी आता है, विजया सबसे पहले चुरमुनियाँ के बारे में पूछती है; फिर पूछती है, "गाँव छोड़कर क्यों आए ?" सच्चिदा ने बताया, "चुरमुनियाँ तो पूरी 'भगतिन' बन गई है। रोज भोर में नहाकर सिव मंदिर जाती है।…लोग कहते हैं कि लड़की पर कोई 'देव' ने सवारी की है।"

…जिस दिन विवाह की बात पक्की हुई, विजया का कलेजा धड़का था। उसे चुरमुनियाँ की बात याद आई थी। शादी के समय भी चुरमुनियाँ की बात मन में गूँज गई थी।

…उसने ठीक ही कहा था। चुरमुनियाँ पर सचमुच कोई 'देव' की सवारी हुई

है। विवाह के बाद, पाँच महीने भी नहीं बीते सुख-चैन से ! विजया फिर उँगलियों पर कुछ जोड़ती है।

···अब उसके पति इस बात को अच्छी तरह प्रमाणित करने पर तुले हुए हैं कि विजया को गाँव के किसी लड़के से प्रेम था और उसी के विरह में वह विवाह के बाद से ही अर्ध-विक्षिप्त हो गई है···।

···विजया के काका को वकील का नोटिस देकर पूछा गया है कि इस धोखेबाज़ी के लिए उस पर मुकदमा क्यों नहीं चलाया जाए।

···विजया के पति पाँच हज़ार रुपए बतौर हर्जाना के वसूल करना चाहते हैं, उसके काका से !···विजया कुछ भी नहीं जानती। कुछ भी नहीं समझती। कुछ समझने की चेष्टा भी नहीं करती। सिर्फ उँगलियों पर कुछ जोड़ती है। जोड़ती ही रहती है।

हिंगना-मठ के सूरतदास बाबा जी से एक पोस्टकार्ड लिखवाकर भेजा है, चुरमुनियाँ ने। कई डाकघरों में घूमती-भटकती हुई चिट्ठी विजया के पति को कल मिली है, "बिजैया'दी, कब आओगी ? अब नहीं ही आओगी।" इसके बाद सूरतदास बाबा जी ने अपनी ओर से लिखा है, "चुरमुन एक महीने से बिछावन पर लबेजान है और दिन-रात तुम्हारा नाम···।"

विजया अपने पति को कुछ भी नहीं समझा सकी कि यह चुरमुन कौन है, जिसकी बीमारी की खबर पाकर वह इस तरह बेचैन हो गई। विजया की बस एक ही जिद—"मैं आज ही जाऊँगी। अभी···।"

तब, हमेशा की तरह उसे घर में बंद करके कुंडी चढ़ा दी गई। किंतु इस बार विजया न रोई, न चीखी, न चिल्लाई, न दरवाज़ा पीटा, न बर्तन-बासन तोड़ा। करुण-कंठ से गिड़गिड़ाने लगी, "मैं आपके पैर पड़ती हूँ। आप जो भी कहिएगा, मानूँगी।···मुझे एक बार अपने साथ ही गाँव ले चलिए। मैं खड़ी-खड़ी उस निगोड़ी को देख लूँगी। मरे या जीए। मैं उलटे-पाँव वापस चली आऊँगी—आप ही के साथ।"

"यह चुरमुनियाँ आखिर है कौन ?"

"मेरे गाँव की···एक··· पड़ोसी की लड़की।"

"लेकिन, लगता है तुम्हारी कोख की बेटी हो।"

"हाँ, वह मेरी माँ है। माँ है···।"

"मुझे देहाती-उल्लू मत समझना।"

हर दिन की तरह, विजया अचानक चुप हो गई और आँख मूँदकर अपने

गाँव-मैके रानीडिह भाग गई। अब उसे कोई मारे, पीटे या काटे—घंटों अपने गाँव में पड़ी रहेगी। वह··· दूर से ही दिखलाई पड़ता है, गाँव का बूढ़ा इमली का पेड़। वह रहा बाबा जीन-पीर का थान।—वह रही चुरमुनियाँ।—रानीडिह की ऊँची ज़मीन पर··· लाल माटीवाले खेत में ··· अक्षत-सिंदूर बिखेरे हुए हैं। हज़ारों गौरैया-मैना सूरज की पहली किरण फूटने से पहले ही खेत के बीच में कचर-पचर कर रही हैं। चुरमुनियाँ सचमुच पखेरू हो गई? उड़कर आई है, खंजन की तरह!··· विजया की तलहथी पर एक नन्हीं-सी जान वाली चिड़िया आकर बैठ गई।··· चुरमुन रे! माँ···!

···डॉक्टर ने सूई गड़ाई या किसी ने छुरा भोंक दिया!—कोई मारे या काटे, विजया अपने गाँव से नहीं लौटेगी, अभी!

नैना जोगिन

रतनी ने मुझे देखा तो घुटने से ऊपर खोंसी हुई साड़ी को 'कोंचा' की जल्दी से नीचे गिरा लिया। सदा साइरेन की तरह गूँजनेवाली उसकी आवाज़ कंठनली में ही अटक गई। साड़ी की कोंचा नीचे गिराने की हड़बड़ी में उसका 'आँचर' भी उड़ गया।

उस सँकरी पगडंडी पर, जिसके दोनों ओर झरबेरी के काँटेदार बाड़े लगे हों, अपनी 'भलमनसाहत' दिखलाने के लिए गरदन झुकाकर, आँख मूँद लेने के अलावा बस एक ही उपाय था। मैंने वही किया। अर्थात् पलट गया। मेरे पीछे-पीछे रतनी ने अपने उघड़े हुए 'तन-बदन' को ढँक लिया और उसके कंठ में लटकी हुई एक उग्र-अश्लील गाली पटाके की तरह फूट पड़ी।

मैं लौटकर अपने दरवाज़े पर आ गया और बैठकर रतनी की गालियाँ सुनने लगा।

नहीं, वह मुझे गाली नहीं दे रही थी। जिसकी बकरियों ने उसके 'पाट' का सत्यानाश किया है, उन बकरीवालियों को गालियाँ दे रही है वह। सारा गाँव, गाँव के बूढ़े-बच्चे-जवान, औरत-मर्द उसकी गालियाँ सुन रहे हैं। लेकिन··· लेकिन क्यों, शायद सच ही, उनके सुनने और मेरे सुनने में फर्क है। मैं 'सचेतन रूपेण' अर्थात जिस तरह रेडियो से प्रसारित महत्वपूर्ण वार्ताएँ सुनता हूँ, इन गालियों को

सुन रहा हूँ। कान में उँगली डालने के ठीक विपरीत··· एक-एक गाली को कान में डाल रहा हूँ। उसकी एक-एक गाली नंगी, अश्लील तसवीर बनाती है—'ब्लू फिल्म' के दृश्य।

···उदाहरण ? उदाहरण देकर 'थाना-पुलिस-अदालत-फौजदारी' को न्योतना नहीं चाहता।

रमेसर की माँ ने टोका शायद !

गाँव-भर की बकरीवालियों को सार्वजनिक गालियाँ दागने के बाद रतनी ने रमेसर की माँ के 'प्रजास्थान' को लक्ष्य करके एक महास्थूल गाली दी। रमेसर की माँ ने टोका—"पहले खेत में चलकर देखो। एक भी पत्ती जो कहीं चरी हो···।"

रतनी अब तक इसी टोक की प्रतीक्षा में थी, शायद। अब उसकी बोली लयबद्ध हो गई। वह प्रत्येक शब्द पर विशेष बल देकर, हाथ और उँगलियों से भाव बतलाकर कहने लगी कि वह पाट के खेत में जाकर क्या देखेगी, अपना···?" (भले घर की लड़की होती तो कहती 'अपना सिर', किंतु रतनी सिर के बदले में अपने अन्य हिस्से का नाम लेती है !)

इसके बाद बहुत देर तक रतनी की बातें सुनता रहा।··· लेकिन उन्हें लिख नहीं सकता। वारंट का डर है।

किंतु, रतनी के बारे में अब कुछ नहीं लिखा गया तो जीवन में कभी नहीं लिखा जाएगा। क्योंकि रतनी की गालियों में मर्माहत और अपमानित करने के अलावा उत्तेजित करने की तीव्र शक्ति है—यह मैं हलफ़ लेकर कह सकता हूँ।

रतनी का नाम 'नैना जोगिन' मैंने ही दिया था, एक दिन। तब वह सात-आठ साल की रही होगी।···नैना जोगिन ? देहात में झाड़-फूँक करनेवाले ओझा-गुणियों के हर 'मंतर' के अंतिम आखर में बंधन लगाते हुए कहा जाता है—दुहाए इस्सर महादेव गौरा पारबती, नैना जोगिन···इत्यादि। लगता है, कोई नैना जोगिन नाम की भैरवी ने इन मंत्रों को सिद्ध किया था।

···सात साल की उम्र में ही रतनी ने गाँव के एक धनी, प्रतिष्ठित वृद्ध को 'फिलचक्कर' में डाल दिया था। उसकी बेवा माँ, वृद्ध की हवेली की नौकरानी थी। पंचायत में सात साल की रतनी ने अपना बयान जिस बुलंदी और विस्तार से दिया था, कोई जन्मजात नैना जोगिन ही दे सकती थी ! अब तो उसकी जामुन की तरह कजराई आँखें भी उसके नाम को सार्थक करती हैं, किंतु सात साल की उम्र में ही इलाके में कहर मचानेवाली लड़की से आँख मिलाने की ताकत गाँव के किसी बहके हुए नौजवान में भी नहीं हुई कभी। उसको देखते ही आँखों के सामने पंचायत, थाना, पुलिस, फ़ौजदारी, अदालत, जेल नाचने लगते।

···रतनी की माँ सरकारी वकील को भी कानून सिखा आई है।··· बहस कर आई है सेशन-कोर्ट में !

सो, पिछले ग्यारह वर्षों में रतनी की माँ ने मुँह के जोर से ही पंद्रह एकड़ जमीन 'अरजा' है। पिछवाड़े में लीची के पेड़ हैं, दरवाज़े पर नीबू। सूद पर रुपए लगाती है। 'दस पैसा' हाथ में हैं और घर में अनाज भी। इसलिए अब गाँव की जमींदारिन भी है वही। गाँव के पुराने ज़मींदार और मालिक जब किसी रैयत पर नाराज़ होते तो इसी तरह गुस्सा उतारते थे। यानी उसकी बकरी, गाय वगैरह को परती जमीन पर से ही हाँककर दरवाज़े पर ले आते थे और गालियाँ देते, मार-पीट करते और अँगूठे का निशान लेकर ही खुश होते थे।

रमेसर की माँ कल हाट जाते समय लीची की टोकरी नहीं ले गई ढोकर, इसलिए रतनी और रतनी की माँ ने आज इस झगड़े का 'सिरजन' किया है—जान-बूझकर।

रमेसर का बाप मेरा हलवाहा है। रमेसर हमारे भैंसों का रखवाला यानी 'भैंसवार' है। रमेसर की माँ हमारे घर बर्तन-बासन माँजती है, धान कूटती है। इसलिए रतना अब अपनी गालियों का मुख धीरे-धीरे हमारी ओर करने लगी—"तू किसका डर दिखलाती है? सहर से आए भतार का? रोज मांस-मछली और 'ब्राँडिल' पीकर तेरे (प्रजास्थान में) तेल बढ़ गया है! एँ···?"

मुझे अचानक रमेसर की माँ की गंदी—हल्दी-प्याज़-लहसन पसीना-मैल की सम्मिलित गंध-भरी साड़ी की महक लगी। लगा, अब रतनी मुझे बेपर्द करेगी। नंगा करेगी। खुद अपने को उसने पिछले एक घंटे में साठ बार नंगा किया है अर्थात् जब-जब उसने गाली का रुख़ हमारी ओर किया, हर बार यह कहना नहीं भूली कि रमेसर की माँ जिसका डर दिखलाती है वह 'मुनसा' (व्यक्ति !) रतनी का 'अथि' भी नहीं उखाड़ सकता!···ऐसे-ऐसे 'मट्ठकी मुनसा' को वह अपने 'अथि' में दाहिने-बाएँ बाँध रखेगी।···बगुला-पंखी धोती-कुरता और घड़ी-छड़ी-जूतावाले शहरी छैलकिनयाँ लोग ऊपर से लकदक और भीतर फोक होते हैं।··· सफाचट मोंछ मुँडाए मुछमुँडा लोगों की सूरत देखकर भूलनेवाली बेटी नहीं रतनी !··· रतनी की माँ को इसका गुमान है कि बड़े-बड़े वकील-मुख्तार के बेटों को देखकर भी उसकी बेटी की 'अथि' अर्थात जीभ नहीं पनियायी कभी। डकार भी नहीं किया।

रतनी अपने आँगन से निकल आई थी। रमेसर की माँ ने कोई जवाब दिया होगा शायद। अब रतनी और रतनी की माँ दोनों मिलकर नाचने लगीं। उसका घर दरवाज़े से दस रस्सी दूर है, लेकिन सामने है। मैं रतनी और रतनी की माँ का नाच देखने को बाध्य था। रतनी की काव्य-प्रतिभा ने मुझे अचंभे में डाल दिया। उसकी टटकी और तुरत रची हुई पंक्तियों में वह सबकुछ था जो कविता में होता है—बिंब,

प्रतीक, व्यंग्य तथा गंध ! बतौर बानगी–अटना का साहब और पटना की मेम, रात खाए मुरगी और सुबह करे नेम, तेरा झुमका और नथिया और साबुन महकौवा–तू पान में ज़रदा खाए नखलौवा⋯।

रतनी और रतनी की माँ की यह काव्य-नाटिका समाप्त हुई तो मैंने दरवाज़े पर बैठे गाँव के दो-तीन नौजवानों की ओर देखा। मेरा चेहरा तमतमाया हुआ था, किंतु वे निर्विकार और निर्मल मुद्रा में थे। परिवार तथा 'पट्टीदार' के 'मर्द पुरुषों' की ओर देखा, वे पान चबा रहे थे, हुक्का गुड़गुड़ा रहे थे। लगता था, इन लोगों ने रतनी की गालियाँ सुनीं ही नहीं। मैंने जब भोजन के समय बात चलाई तो परिवार के एक व्यक्ति ने (जिन्हें शहर के नाम से ही जड़ैया बुखार धर दबाता है) हँसकर कहा, ''शहर से आने के बाद आप कुछ दिन तक ऐसी असभ्यता ही करेंगे, यह हमें मालूम है। इन छोटे लोगों की गाली पर इस तरह ध्यान कोई भलामानुस नहीं देता। इस तरह गालियों के अर्थ को प्याज़ के छिलके की तरह उतार-उतारकर समझने का क्या मतलब ? शहर में क्या औरतें गाली नहीं देतीं ?''

अजब इंसाफ़ है–गाली सुनकर समझना अन्याय है ! असभ्यता है ! मन में मैल है मेरे ?

अश्लील और घिनौने मुकदमे के कारण रतनी की बदनामी बचपन से ही फैलती गई। जवान हुई तो बदनामियाँ भी जवान हुईं। फलतः गाँव के हिसाब से 'पक' जाने पर भी कोई दूल्हा नहीं मिला। मिलता भी तो 'घर-जमाई' होकर नहीं रहना चाहता था। दो साल हुए, निमोंछिया जवान न जाने किस गाँव से आया साँझ में और रात में भात खाने के लिए घर के अंदर गया तो रतनी की माँ एक हाथ में सिंदूर की पुड़िया और दूसरे में फरसा लेकर खड़ी थी–''छदोड़ी की सीथ में सिंदूर डालो, नहीं तो अभी हल्ला करती हूँ, घर में चोर घुसा है।''⋯ तो सींकिया नौजवान जो हर सुबह को शीशम की कोमल पत्तियाँ तोड़कर ले जाता है, वही है रतनी का रतन-धन !

पूछताछ करने पर पता चला कि हाल ही में एक रात को रतनी ने इसको लात से मारा ; घर से निकालकर चिल्लाने लगी, ''पूछे कोई इससे कि इतना दूध, मलाई, दही, मांस-मछली, कबूतर तिस पर 'धात-पुष्टई' दवा, तो अलान-ढेकान खाकर भी जिस 'मर्द' को आधी पहर रात को हँफनी शुरू हो, उसको क्या कहा जाए ? लोग 'दोख' देते हैं मेरे कोख को, कि रतनी बाँझ है। निमकहराम और किसको कहते हैं ?''

मैं अब इसे मानसिक विकार मानने लगा हूँ। अब तक 'सामाजिक' समझ रहा था कि छोटी जात की औरत गाँव की मालकिन हुई है⋯।

नहीं, सामाजिक भी है। मेरे पट्टीदार के एक भाई ने कहा, ''कोई उसका क्या

बिगाड़ सकता है। गाँव के सभी किस्म के चोर अर्थात लत्ती-पत्ती और सिन्नाजोर दिन डूबते ही उसके आँगन में जमा हो जाते हैं। इलाके का मशहूर डकैत परमेसरा रतनी की बात पर उठता-बैठता है। मुखिया और सरपंच रतनी की माँ के खिलाफ चूँ भी नहीं कर सकते।… रतनी की माँ से कोई 'रार' मोल नहीं लेना चाहता इसीलिए, दिन-भर गाँव के हर टोले में दोनों घूम-घूमकर झगड़ा करती फिरती हैं।… रतनी अकेली ख़स्सी (बकरे) को ज़िबह कर देती है; रतनी की माँ चोरी का माल खरीदती है–थाली-लोटा-गिलास…।''

सुबह को मालूम हुआ, शहर से लाया हुआ मेरा प्रेस्टिज प्रेशर कुकर गायब है। दोपहर के बाद धोती गुम! रात में रमेसर की माँ फिसफिसाकर आँगन में कह रही थी–''रतनी बोलती थी कि 'सिध' करके छोड़ेगी इस बार!… उस दिन इस तरह पीठ दिखाना अच्छा नहीं हुआ, शायद!''

और यह सब इसलिए कि मैंने रतनी के तथाकथित 'पुरुष' को बुलाकर उसका पता-ठिकाना पूछा था, और उसको समझाया था कि गाँव में अब एक नई बात चल पड़ी है। उसने बीवी की मार सह ली–नतीजा यह हुआ है कि कई औरतों ने अपने घरवाले को पीटा इस गाँव में…।

रतनी ने चिल्ला-चिल्लाकर सारे गाँव के लोगों को सूचना देने के लहजे से सुनाया था, ''सुन लो हो लोगो! अब इस गाँव में फिर एक सेशन मोकदमा उठेगा सो जान लो। ई शहर का कानून यहाँ छाँटने आया है! कोई अपने घरवाले को लात मारे या 'चुम्मा' ले, दूसरा कोई बोलनेवाला कौन? देहात से लेकर शहर तक तो 'छुछुआते' फिरता है, काहे न कोई 'मौगी' मुँह में चुम्मा लेती है?''

मैं रोज़ हारता, रतनी रोज़ जीतती। मुझे स्वजनों ने सतर्क किया–साँझ होने के पहले ही मैदान से घर लौट आया करूँ। किसी ने शहर लौट जाने की सलाह दी। मुझे लगता, रोज ताल ठोककर एक नंगी औरत-पहलवान मुझे चुनौती देती है। थप्पड़-घूँसे चलाती है। भागूँगा तो गाँव की सीमा के बाहर तक पीछे-पीछे फटा कनस्तर पीटती और बकरे की तरह 'बो बो बो बो' करती जाएगी, गाँव-भर के लोग तालियाँ बजाकर हँसेंगे।

मुझे हथियार डाल देना चाहिए। एक औरत, सो भी ऐसी औरत से टकराना बुद्धिमानी नहीं। एक सप्ताह तक चोरी-चपाटी करवाने के बाद एक नया उत्पात शुरू किया। रात-भर हमारे दरवाजे और आँगन में हड्डियों की 'बरखा' होती।…नंगी औरत ताल ठोककर ललकार रही है–मर्द का बेटा है तो मैदान में आ…!

मैदान में मुझे उतरना ही पड़ा। रात में नींद खुली। दरवाजे के सामने जो नया

ब ग हम लोगों ने लगाया है, उसमें भैंस का बच्चा घुस गया है, शायद ! मैं धीरे-धीरे बाड़े के पास गया । पट्ट··· !

अमलतास के कोमल पौधे को तोड़कर, गुलमोहर की ओर बढ़ते हुए हाथ को मैंने 'खप्प' से पकड़ा । कलम-घिसाई के बावजूद पंजे की पकड़ में अब तक खम बचा हुआ था !··· ''क्यों ?'' मैंने बहुत धीरे से पूछा ।

''छोड़िए !'' जवाब भी उसी अंदाज में मिला ।

''क्यों तोड़ा है ? क्या मिला ? क्यों ?''

''तोड़ा तो क्या कर लीजिएगा ?''

''मैं लोगों को पुकारता हूँ ।''

''खुद फँस जाइएगा । ··· हाथ छोड़िए ।''

''फँसा के देखो । मैं नहीं डरता हूँ ।''

''क्या चाहते हैं आप ?''

''मैं जानना चाहता हूँ कि तुम··· तुम इस तरह मेरे पीछे क्यों पड़ी हो ? इस पौधे को क्यों तोड़ा है ?''

''वह तो पौधा ही है । जी तो आपको ही तोड़ देने को करता है । ··· हाथ छोड़िए !''

मैंने देखा उसकी कनपटी पर एक साँप का फण—फण नहीं, भाला ! बरछे की फली ! मैंने हाथ छोड़ दिया । वह भागी नहीं, खड़ी रही । मुझे चुप और अवाक् देखकर बोली, ''चिल्लाऊँ ?''

''कोढ़ी डरावे थूक से !''

रतनी हँसी । तारों की रोशनी में उसकी हँसी झिलमिलाई ।

''जाइए, थोड़ा 'ब्राँडिल' और चढ़ाइए !''

''तुम—तुम नैना जोगिन··· !''

''हाँ, नैना जोगिन ही हूँ । तब ? माधो बाबू··· अब रतनी करीब सट आई, ''मेरा क्या कसूर जो बारह साल से बनवास दिए हुए हैं आप लोग ! उस बूढ़े को करनी का फल चखाया तो क्या बेजा किया ? मैं उस समय उसकी पोती की उम्र की थी । ··· सो, आप लोगों ने खासकर आप दोनों भाइयों ने हम लोगों को 'रंडी' से बदतर कर दिया । ··· आखिर आपके जन्म के दिन रतनी की माँ ही सौर-घर में थी—पाँच साल तक आप रतनी की माँ की गोद और आँचर में रहे, और आपकी आँख में ज़रा भी पानी नहीं । ··· माँ जवान हुई, आप लोगों ने आँख उठाकर कभी देखा नहीं कि आखिर गाँव-घर की एक लड़की ऐसी जवान हो गई और शादी क्यों नहीं होती ? ··· अब इस बार आए हैं तो कभी आपके मन में यह नहीं हुआ कि रतनी की शादी हुए ढाई साल

हो रहे हैं और रतनी को कोई बच्चा क्यों न हुआ ? अटना-पटना-दिल्ली-दरभंगा में आपके इतने डागडर-डागडरनी जान-पहचान के हैं–आखिर, रतनी की माँ का दूध साल-भर तक पिया है, आपने । रतनी की माँ को बहुत दिन तक आपने माँ कहा था, लोगों को याद है । ... दूध का भी एक संबंध होता है ।''

मैंने कहा, ''रतनी ! रमेसर जग रहा है । ... मैं कुछ नहीं समझता । तुम जाओ । कोई देख लेगा ।''

''देखकर क्या कर लेगा ?''

रतनी ने बेलाग-बेलौस एक अश्लील बात अँधेरे में, आग की गोली की तरह उगल दी–''देखकर आपका 'अथि' और मेरा 'अथि' उखाड़ लेगा ? ... बोलिए, मैं पापिन हूँ ? मैं अछूत हूँ ? रंडी हूँ ? जो भी हूँ, आपकी हवेली में पली हूँ ... तकदीर का फेर ... माधो बाबू ... रतनी नाम भी आपके ही बाबू जी का दिया है । आपने उसको बिगाड़कर नैना जोगिन दिया ! किस कसूर पर ? आप लोगों का क्या बिगाड़ था रतनी की माँ ने जो इस तरह बोल-चाल, उठ-बैठ एकदम बंद !''

मैंने धीरे से कहा, ''ऐसे गाँव में अब कोई भला आदमी कैसे रह सकता है ?''

लगा, नागिन को ठेस लगी ; फुफकार उठी–''भला-आदमी ? भला आदमी ? भला आदमी को 'पूछ-सिग' होता है ?''

''नहीं होता है । इसलिए ... ।''

पूछ-सिग ... जानवर ... औरत-मर्द ... नंगे ... बेपर्द ... अंधकार ... प्रकाश ... गुर्राहट ... आँखों की चमक ... बड़े-बड़े नाखून ... बिल्ली ... शिवा शैवा ... गृद्धासया ... योनिस्या भगिनी ... भोगिनी ... महांकुश ... स्वरूप ... छिन्नमस्ता अट्टहास ... !

अट्टहास सुनकर चौंका–रतनी कहाँ है ? वह तो साक्षात नील सरस्वती थी !

इस बार गाँव में, गाँव के आसपास, यह ख़बर बहुत तेजी से फैली कि नैना जोगिन का 'जोग' माधो बाबू पर खूब ठिकाने से लगा है ! ... रमेसर की माँ को एक दिन खोई हुई चीज़ें टोकरी में मिलीं–घर में ही । रतनी ने माधो बाबू को 'भेड़ा' बनाया है तो माधो बाबू ने रतनी का 'विषदंत' उखाड़ दिया है । बोले तो अब एक भी गाली–गंदी या अच्छी ?

रतनी और उसके नामर्द मर्द को मैं अपने साथ शहर लेता आया हूँ । डॉक्टर को अचरज होता है कि मैं रतनी के लिए इतना चिंतित क्यों हूँ ! उन्हें कैसे समझाऊँ कि यदि रतनी को कोई बच्चा नहीं हुआ तो वह ... वह मेरे बाग के हर पौधे तोड़ देगी ; गाँव के सभी पेड़-पौधे को तोड़ देगी; गाँव के सभी लोगों को तोड़ेगी ; गाँव में हड्डियाँ बरसावेगी ; नंगी नाचेगी, अश्लील गालियाँ देती हुई सभी को ललकारेगी ! वह साँवली-सलोनी लंबी स्वरूप पूर्ण यौवना नैना जोगिन ! जाँच-पड़ताल के समय जब

रतनी की लंबाई नापी जाती है, वज़न लिया जाता है, पेट टटोला जाता है ··· तो ··· मेडिकल कॉलेज की लेडी स्टूडेंट्स से लेकर डॉक्टर तक हैरत से मुँह बाए रहते हैं ! ··· औरत, ऐसी ?

पाँच दिन हुए हैं, पड़ोस के मलहोत्रा साहब की नौकरानी को दो दिन वह फ्लैट के नीचे उठाकर फेंकने की धमकी दे चुकी है । ··· शहर की सड़ी हुई गरमी को रोज पाँच अश्लील गालियाँ देती है !

उसका घरवाला गाँव लौटने को कुनमुनाता है तो वह घुड़क देती है ··· ''हाँ, जब आ गई हूँ तो यहाँ हो चाहे लहेरिया सराय, चाहे कलकत्ता ··· जहाँ से हो, कोख तो भर के लौटूँगी, गाँव तुमको जाना हो तो माधो बाबू टिकस कटाकर गाड़ी में बैठा देंगे । मैं किस मुँह से लौटूँगी खाली ··· ?''

कोई जादू जानती है सचमुच रतनी !

कोई शब्द उसके मुँह में अश्लील नहीं लगता !

पंचलाइट

पिछले पंद्रह महीने से दंड-जुरमाने के पैसे जमा करके महतो टोली के पंचों ने पेट्रोमेक्स खरीदा है इस बार, रामनवमी के मेले में । गाँव में सब मिलाकर आठ पंचायतें हैं । हरेक जाति की अलग-अलग 'सभाचट्टी' है । सभी पंचायतों में दरी, जाजिम, सतरंजी और पेट्रोमेक्स हैं—पेट्रोमेक्स, जिसे गाँववाले पंचलाइट कहते हैं ।

पंचलाइट खरीदने के बाद पंचों ने मेले में ही तय किया—दस रुपए जो बच गए हैं, इससे पूजा की सामग्री खरीद ली जाए—बिना नेम-टेम के कल-कब्ज़ेवाली चीज का पुन्याह नहीं करना चाहिए । अंग्रेजबहादुर के राज में ही पुल बनाने से पहले बलि दी जाती थी ।

मेले से सभी पंच दिन-दहाड़े ही गाँव लौटे ; सबसे आगे पंचायत का छड़ीदार पंचलाइट का डिब्बा माथे पर लेकर और उसके पीछे सरदार दीवान और पंच वगैरह । गाँव के बाहर ही ब्राह्मणटोले के फुटंगी ने टोक दिया—''कितने में लालटेन खरीद हुआ महतो ?''

"···देखते नहीं हैं, पंचलैट है ! बामनटोली के लोग ऐसे ही ताब करते हैं । अपने घर की ढिबरी को भी बिजली-बत्ती कहेंगे और दूसरों के पंचलैट को लालटेन !"

टोले-भर के लोग जमा हो गए। औरत-मर्द, बूढ़े-बच्चे सभी काम-काज छोड़कर दौड़ आए, "चल रे चल ! अपना पंचलैट आया है, पंचलैट !"

छड़ीदार अगनू महतो रह-रहकर लोगों को चेतावनी देने लगा--"हाँ, दूर से, ज़रा दूर से ! छू-छा मत करो, ठेस न लगे !"

सरदार ने अपनी स्त्री से कहा, "साँझ को पूजा होगी ; जल्दी से नहा-धोकर चौका-पीढ़ी लगाओ ।"

टोले की कीर्तन-मंडली के मूलगैन ने अपने भगतिया पच्छकों को समझाकर कहा, "देखो, आज पंचलैट की रोशनी में कीर्तन होगा । बेताले लोगों से पहले ही कह देता हूँ, आज यदि आखर धरने में डेढ़-बेढ़ हुआ, तो दूसरे दिन से एकदम बैकाट !"

औरतों की मंडली में गुलरी काकी गोसाईं का गीत गुनगुनाने लगी । छोटे-छोटे बच्चों ने उत्साह के मारे बेवजह शोरगुल मचाना शुरू किया ।

सूरज डूबने के एक घंटा पहले से ही टोले-भर के लोग सरदार के दरवाज़े पर आकर जमा हो गए—पंचलैट, पंचलैट !

पंचलैट के सिवा और कोई गप नहीं, कोई दूसरी बात नहीं । सरदार ने गुड़गुड़ी पीते हुए कहा, "दुकानदार ने पहले सुनाया, पूरे पाँच कौड़ी पाँच रुपया । मैंने कहा कि दुकानदार साहेब, यह मत समझिए कि हम लोग एकदम देहाती हैं । बहुत-बहुत पंचलैट देखा है । इसके बाद दुकानदार मेरा मुँह देखने लगा । बोला, लगता है आप जाति के सरदार हैं ! ठीक है, जब आप सरदार होकर खुद पंचलैट खरीदने आए हैं तो जाइए, पूरे पाँच कौड़ी में आपको दे रहे हैं ।"

दीवानजी ने कहा, "अलबत्ता चेहरा परखनेवाला दुकानदार है । पंचलैट का बक्सा, दुकान का नौकर देना नहीं चाहता था । मैंने कहा, "देखिए दुकानदार साहेब, बिना बक्सा पंचलैट कैसे ले जाएँगे ! दुकानदार ने नौकर को डाँटते हुए कहा, क्यों रे ! दीवान जी की आँख के आगे 'धुरखेल' करता है; दे दो बक्सा !"

टोले के लोगों ने अपने सरदार और दीवान को श्रद्धा-भरी निगाहों से देखा । छड़ीदार ने औरतों की मंडली में सुनाया—"रास्ते में सन्न-सन्न बोलता था पंचलैट !"

लेकिन··· ऐन मौके पर 'लेकिन' लग गया ! रूदल साह बनिए की दुकान से तीन बोतल किरासन तेल आया और सवाल पैदा हुआ, पंचलैट को जलाएगा कौन !

यह बात पहले किसी के दिमाग में नहीं आई थी । पंचलैट खरीदने के पहले

किसी ने न सोचा। खरीदने के बाद भी नहीं। अब, पूजा की सामग्री चौके पर सजी हुई है, कीर्तनिया लोग खोल-ढोल-करताल खोलकर बैठे हैं और पंचलैट पड़ा हुआ है। गाँववालों ने आज तक कोई ऐसी चीज़ नहीं खरीदी, जिसमें जलाने-बुझाने का झंझट हो। कहावत है न, भाई रे, गाय लूँ? तो दुहे कौन?...लो मज़ा! अब इस कल-कब्ज़ेवाली चीज को कौन बाले!

यह बात नहीं कि गाँव-भर में कोई पंचलैट बालनेवाला नहीं। हरेक पंचायत में पंचलैट है, उसके जलानेवाले जानकार हैं। लेकिन सवाल है कि पहली बार नेम-टेम करके, शुभ-लाभ करके, दूसरी पंचायत के आदमी की मदद से पंचलैट जलेगा? इससे तो अच्छा है कि पंचलैट पड़ा रहे। जिंदगी-भर ताना कौन सहे! बात-बात में दूसरे टोले के लोग कूट करेंगे—तुम लोगों का पंचलैट पहली बार दूसरे के हाथ से...! न, न! पंचायत की इज्ज़त का सवाल है। दूसरे टोले के लोगों से मत कहिए।

चारों ओर उदासी छा गई। अँधेरा बढ़ने लगा। किसी ने अपने घर में आज ढिबरी भी नहीं जलाई थी।...आज पंचलैट के सामने ढिबरी कौन बालता है!

सब किए-कराए पर पानी फिर रहा था। सरदार, दीवान और छड़ीदार के मुँह में बोली नहीं। पंचों के चेहरे उतर गए थे। किसी ने दबी हुई आवाज़ में कहा, "कल-कब्जेवाली चीज़ का नखरा बहुत बड़ा होता है।"

एक नौजवान ने आकर सूचना दी—"राजपूत टोली के लोग हँसते-हँसते पागल हो रहे हैं। कहते हैं, कान पकड़कर पंचलैट के सामने पाँच बार उठो-बैठो, तुरंत जलने लगेगा।"

पंचों ने सुनकर मन-ही-मन कहा, "भगवान ने हँसने का मौका दिया है हँसेंगे नहीं?" एक बूढ़े ने आकर खबर दी, "रूदल साह बनिया भारी बतंगड़ आदमी है। कह रहा है, पंचलैट का पंपू ज़रा होशियारी से देना!"

गुलरी काकी की बेटी मुनरी के मुँह में बार-बार एक बात आकर मन में लौट जाती है। वह कैसे बोले? वह जानती है कि गोधन पंचलैट बालना जानता है। लेकिन, गोधन का हुक्का-पानी पंचायत से बंद है। मुनरी की माँ ने पंचायत में फरियाद की थी कि गोधन रोज़ उसकी बेटी को देखकर 'सलम-सलम' वाला सलीमा का गीत गाता है—'हम तुमसे मोहोब्त करके सलम!' पंचों की निगाह पर गोधन बहुत दिन से चढ़ा हुआ था। दूसरे गाँव से आकर बसा है गोधन, और अब तक टोले के पंचों को पान-सुपारी खाने के लिए भी कुछ नहीं दिया। परवाह ही नहीं करता है। बस, पंचों को मौका मिला। दस रुपया जुरमाना! न देने से हुक्का-पानी बंद।... आज तक गोधन पंचायत से बाहर है। उससे कैसे कहा जाए! मुनरी उसका नाम कैसे ले? और उधर जाति का पानी उतर रहा है।

मुनरी ने चालाकी से अपनी सहेली कनेली के कान में बात डाल दी—"कनेली ! ... चिगो, चिध-s-s, चिन ... !" कनेली मुस्कराकर रह गई—"गोधन तो बंद है !" मुनरी बोली, "तू कह तो सरदार से !"

"गोधन जानता है पंचलैट बालना।" कनेली बोली।

"कौन, गोधना ? जानता है बालना ! लेकिन ... ।"

सरदार ने दीवान की ओर देखा और दीवान ने पंचों की ओर। पंचों ने एकमत होकर हुक्का-पानी बंद किया है। सलीमा का गीत गाकर आँख का इशारा मारनेवाले गोधन से गाँव-भर के लोग नाराज़ थे। सरदार ने कहा, "जाति की बंदिश क्यां, जबकि जाति की इज्जत ही पानी में बही जा रही है ! क्यों जी दीवान ?"

दीवान ने कहा, "ठीक है।"

पंचों ने भी एक स्वर में कहा, "ठीक है। गोधन को खोल दिया जाए।"

सरदार ने छड़ीदार को भेजा। छड़ीदार वापस आकर बोला, "गोधन आने को राजी नहीं हो रहा है। कहता है, पंचों की क्या परतीत है ? कोई कल-कब्ज़ा बिगड़ गया तो मुझे दंड-जुरमाना भरना पड़ेगा।"

छड़ीदार ने रोनी सूरत बनाकर कहा, "किसी तरह गोधन को राजी करवाइए, नहीं तो कल से गाँव में मुँह दिखाना मुश्किल हो जाएगा।"

गुलरी काकी बोली, "ज़रा मैं देखूँ कहके !"

गुलरी काकी उठकर गोधन के झोंपड़े की ओर गई और गोधन को मना लाई। सभी के चेहरे पर नई आशा की रोशनी चमकी। गोधन चुपचाप पंचलैट में तेल भरने लगा। सरदार की स्त्री ने पूजा की सामग्री के पास चक्कर काटती हुई बिल्ली को भगाया। कीर्तन-मंडली का मूलगैन मुरछल के बालों को सँवारने लगा। गोधन ने पूछा, "इसपिरिट कहाँ है ? बिना इसपिरिट के कैसे जलेगा ?"

...लो मज़ा ! अब यह दूसरा बखेड़ा खड़ा हुआ ! सभी ने मन-ही-मन सरदार, दीवान और पंचों की बुद्धि पर अविश्वास प्रकट किया—बिना बूझे-समझे काम करते हैं ये लोग ! उपस्थित जन-समूह में फिर मायूसी छा गई। लेकिन, गोधन बड़ा होशियार लड़का है। बिना स्पिरिट के ही पंचलैट जलाएगा—"थोड़ा गरी का तेल ला दो !" मुनरी दौड़कर गई और एक मलसी गरी का तेल ले आई। गोधन पंचलैट में पम्प देने लगा।

पंचलैट की रेशमी थैली में धीरे-धीरे रोशनी आने लगी। गोधन कभी मुँह से फूँकता कभी पंचलैट की चाबी घुमाता। थोड़ी देर के बाद पंचलैट से सनसनाहट की आवाज़ निकलने लगी और रोशनी बढ़ती गई; लोगों के दिल का मैल दूर हो गया। गोधन बड़ा काबिल लड़का है !

अंत में पंचलाइट की रोशनी से सारी टोली जगमगा उठी तो कीर्तनिया लोगों ने एक स्वर में, महावीर स्वामी की जय-ध्वनि के साथ कीर्तन शुरू कर दिया। पंचलैट की रोशनी में सभी के मुस्कराते हुए चेहरे स्पष्ट हो गए। गोधन ने सबका दिल जीत लिया। मुनरी ने हसरत-भरी निगाह से गोधन की ओर देखा। आँखें चार हुईं और आँखों-ही-आँखों में बातें हुईं—'कहा-सुना माफ करना! मेरा क्या कुसूर!'

सरदार ने गोधन को बहुत प्यार से पास बुलाकर कहा, ''तुमने जाति की इज्ज़त रखी है। तुम्हारा सात खून माफ़। खूब गाओ सलीमा का गाना।''

गुलरी काकी बोली, ''आज रात मेरे घर में खाना गोधन!''

गोधन ने फिर एक बार मुनरी की ओर देखा। मुनरी की पलकें झुक गईं।

कीर्तनिया लोगों ने एक कीर्तन समाप्त कर जय-ध्वनि की—'जय हो! जय हो!'... पंचलैट के प्रकाश में पेड़-पौधों का पत्ता-पत्ता पुलकित हो रहा था।

एक अकहानी का सुपात्र

पिछले कई वर्षों से लगातार यह सुनते-सुनते कि अब 'कहानी' नाम की कोई चीज़ दुनिया में ऐसे नहीं रह गई है—मुझे भी विश्वास-सा हो चला था कि कहानी सचमुच मर गई। हमारा मौजूदा समाज 'कहानीहीन' हो गया है, हठात। कहीं, किसी घर के किसी कोने में भी कहानी नहीं घट रही। सभी लोग, अकहानीमय जीवन बिना किसी परेशानी या दुःख के जीए जा रहे हैं।फलतः समाज के सभी कहानीकार बेकार हो रहे हैं, हुए जा रहे हैं।...मैंने इन तथ्यों के आधार पर अकहानी की एक मोटी-सी परिभाषा समझ ली थी। बेकार कथाकार बेकारी के क्षण में जो कुछ भी गढ़ता है, उसे अकहानी कहते हैं।

किंतु, ऐसे ही दुर्दिन में हठात एक दिन मेरी छोटेलाल से मुलाकात हो गई और मेरा सारा भ्रम दूर हो गया। यानी मुझे दृढ़ विश्वास हो गया कि कहानी के मरने की खबर गलत थी। छोटेलाल के प्रथम दर्शन और संभाषण से ही मैं आवश्वस्त हो गया—हमारा समाज अभी पूर्णतः कथाहीन नहीं हो पाया है। छोटेलाल का समस्त अस्तित्व ही मुझे कहानी से ओत-प्रोत प्रतीत हुआ।...जी नहीं, छोटेलाल कोई कथाकार नहीं—नगर में खोया हुआ एक ग्राम्य-कथापात्र है। और जब तक छोटेलाल-जैसे सुपात्र जीवित रहेंगे, कहानी मरकर भी जी जाया करेगी।

मेरी छोटेलाल से मुलाकात अपने नगर के नुक्कड़ पर पिछले साल–ठीक श्रावणी पूर्णिमा के दिन हुई थी, पान की दुकान पर। वह बार-बार पानवाले का नाभ ले-लेकर जल्दी से आठ 'खिल्ली' मीठा पान लपेटने को कह रहा था–''ए क्रिस्ना ! लपेट न यार··· !''

नगर के ऐसे गृहसेवकों के साधारण चरित्रों से मेरा साधारण परिचय है। अतः, उन्हें पहली ही निगाह में पहचान लेता हूँ और वे भी मेरे चेहरे-मोहरे और मेरी बातचीत से समझ गए हैं कि मैं उन्हीं की कोटि का जीव हूँ। किंतु, छोटेलाल को पहचानने में मैंने गलती की–यह मैं स्वीकार करता हूँ। पानवाले ने जब झुँझलाकर पहले के बाकी-बकाए का तकादा किया, तो वह तनिक भी अप्रतिभ नहीं हुआ। बोला–''अरे यार, बाकी-बकाया लेकर कोई भागा जा रहा है ? पहले मोड़ न आठ मीठा पत्ती··· !''

ऐसे अवसरों पर मैं अक्सर कुछ नहीं बोलता। लेकिन, उस दिन बोल पड़ा–''अजी, बाकी-बकाया का हिसाब-किताब मालिक से करना। नौकर से क्यों उलझ रहे हो बेकार···''

कि छोटेलाल ने चोट खाए हुए प्राणी की तरह मुझ पर प्रत्याक्रमण किया–''ज़रा देखकर बात कीजिए साहेब। यहाँ कोई किसी का नौकर नहीं···।''

पानवाले लड़के ने कहा–''परमेस्वर बाबू के छोटे भाई हैं।''

मैंने तुरंत छोटेलाल जी से क्षमा-याचना की–''माफ़ कीजिए भाई साहब !''

पान की दुकान से सटी हुई एक छोटी-सी चाय की दुकान है जो डबलरोटी और बिस्कुट के अलावा उबले हुए अंडे भी बेचता है। मैं अपने उन दोस्तों को, जो मेरे कुत्ते से घबराते हैं अथवा जिनकी बोली सुनकर मेरा कुत्ता चिढ़कर भूँकने लगता है अथवा जो तिमंजिले की सीढ़ियों पर चढ़ने से लाचार होते हैं या जिन्हें अपने फ्लैट में ले चलने में मैं लाचार होता हूँ–इसी चाय की दुकान पर लाकर 'चाय पान सिगरेट' से सत्कार करता हुआ उनका अबाध संभाषण सुनता रहता हूँ।

छोटेलाल ने मुझे सिर से पैर तक तजबीज करते हुए पूछा–''आप कौन हैं ?''

मैंने अपना नाम बतलाया और यह भी कि मैं तीन नंबर रोड के एक वकील साहब का क्लर्क हूँ। छोटेलाल बोला–''सीधे मोहरिल कहते लाज लगती है, इसीलिए क्लर्क···।''

छोटेलाल मुझ पर आक्रमण करके प्रसन्न हुआ। फिर अपने वक्तव्य की व्याख्या करता हुआ बोला–''शहर की हर बात पर ऊपरी सजावट, अब देखिए न–यही 'रच्छाबंधन'। देहात में 'सलोनी पुरनिमाँ' के दिन···।'

''सलोनी पुरनिमाँ ?''–मैंने अस्फुट शब्दों में जिज्ञासा प्रकट की। छोटेलाल ने

मुझे महामूरख समझकर मुझ पर तरस-खाने की मुद्रा बनाई –''सलोनी पुरनिमाँ नहीं समझते ? आज ही है सलोनी पुरनिमाँ !''

मैंने फिर अपनी गलती के लिए छोटेलाल जी से क्षमायाचना की–''ओ ? श्रावणी...यानी...सावनी...हाँ, सावनी पूर्णिमा की रात तो सलोनी होगी ही।''

मुझे छोटेलाल ने अनजाने ही एक सुंदर पंक्ति दे दी–सावनी सलोनी पूर्णिमा की रात। मुँह से निकल पड़ा, ''वाह भाई !''

छोटेलाल ने अपने अधूरे वक्तव्य का सूत्र पुनः पकड़ा–''सो सलोनी पुरनिमाँ के दिन देहात में 'बाभन सब' हाथ में रंग-बिरंगी राखी की लच्छियाँ लेकर घर-घर घूम-घूमकर जजमानों को राखी बाँधते हैं–'जैनबंधूबलिराजा' मंतर पढ़कर। मगर, शहर में राखी–'छौंड़ी सब' बाँधती है। अपने भाइयों को नहीं साहेब–मुँहबोले भाइयों को...!''

मैंने फिर अपनी अज्ञता प्रकट की–''मुँहबोले भाई ?''

छोटेलाल ने इस बार मुझको करुणा की दृष्टि से घूरते हुए मुझसे पूछा–''भाई साहब ! आप किस 'डिस्टिक' के रहनेवाले हैं जो मुँहबोला भाई का मतलब भी नहीं समझते !''

समझाने की आवश्यकता नहीं हुई। मैं स्वयं ही, तत्काल समझ गया। छोटेलाल ने पानवाले को पान में भरपूर मीठा मसाला डालने की ताकीद करने के बाद फिर शुरू किया–''भैया की भी दो मुँहबोली बहन सब आई हैं–राखी बाँधने...।''

पानवाले क्रिस्ना ने टोका–''तो आपके भैया की मुँहबोली बहन आपकी भी मुँहबोली बहन ही लगेगी...।''

छोटेलाल का चेहरा तमतमा उठा फिर–''यार क्रिस्ना ! तुम भी एकदम बेबात की बात...? भैया की मुँहबोली बहनों से मेरा क्या रिस्ता ? न तीन में, न तेरह में। तिस पर शहर की 'लपस्टिक लड़कियाँ...' जी, भाई साहेब, आपका चेहरा देखकर मैं बूझ गया कि आप फिर मतलब पूछना चाहते हैं... लपस्टिक लड़की का मतलब आपको फिर कभी समझा देंगे।... यार क्रिस्ना–लपेट ना, देखते नहीं कि एक ही घंटे में चार बार चाह-बिस्कुट और टौफी-लेमनचूस लेने के लिए इस चौबटिया पर आ चुका हूँ।...अब यह देखिए न–यह लेमनचूस। देहात में यह बच्चों को फुसलानेवाली मिठाई है और यहाँ ? यहाँ यह लड़कियों की–खासकर स्कूल-कॉलेज की लड़कियों की...। कहते हो जल्दी क्या है ? अभी दोनों को पहुँचाने के लिए जाना होगा। एक रहती है ईरघाट तो दूसरी मीरघाट। भौजी सुबह को ही अपने मुँहबोले भाइयों को राखी बाँधने गई है सो अभी तक लौटी नहीं। अगर, कहीं 'बरखा-बुन्नी'

के मारे अटक गई तो उनको भी ढूँढ़कर लाने के लिए इस छोटेलाल को ही जाना होगा।… और शहर में लड़कियों को पहुँचाने के लिए कहीं जाना कितना मुश्किल का काम है—यह… अरे, भैया—पीछे-पीछे साईकिल पर रिक्शा के साथ जाना खेल नहीं! एक दिन किसी लड़की को कहीं पहुँचाकर देखो न… यहाँ के सभी छुरेबाज छोकरों को पहचान गया हूँ… लेकिन, जो कहो—रास्ता चलते वे जब लड़कियों पर ऐसे-ऐसे 'शबदभेदी बान' छोड़ते हैं कि कभी-कभी तो हमको भी हँसी आ जाती है।"

'बरखा-बुन्नी' शब्द को सुनकर मन हर्षित हुआ। शायद, आकाश में मँडरानेवाले काले-काले बादल भी प्रसन्न हुए—नन्हीं-नन्हीं बूँदें पड़ने लगीं। हम सभी चायवाले के छज्जे के नीचे—बेंचों पर जा बैठे। छोटेलाल ने आर्डर दिया—"तो, बनाओ यार, एक इसपिसिल चाह…।"

छोटेलाल ने, शहर के दूध और दूधवालों से लेकर गायों तक की निंदा कर लेने के बाद अपने गाँव के दूध पर पड़नेवाली मलाई की तुलना 'भागलपुरी रेशम की रजाई' से की। तब, चायवाले से नहीं रहा गया, शायद। वह कुढ़कर बोला—"तो वैसी मोटी मलाई छोड़कर यहाँ शहर का घासी-घी खाने क्यों आए? देहात में ही रहते!"

लगा, छोटेलाल के पास चायवाले का उधार-बाकी कुछ ज्यादा ही था, पानवाले से। लेकिन, छोटेलाल तनिक भी छोटा नहीं हुआ। तमककर बोला—"आया हूँ क्या अपने मन से?… अपने मन से तीन साल पहले एक बार गाँव से भागकर आया था तो तीन दिन भी नहीं रहने दिया था—भैया-भौजी ने। अब जब छोटेलाल की जरूरत हुई है, तो पाँच दिन तक खुशामद करके गाँव से बुला लाए हैं…।"

इस सिलसिले में छोटेलाल ने विस्तारपूर्वक अपने प्रोफेसर भैया के शहर की एक 'लपस्टिक लड़की' से 'लटपटा' जाने से लेकर रजिस्टरी-शादी तक के किस्से सुना दिए—उदारतापूर्वक। अंत में, 'क्लाइमेक्स' पर आकर गर्व से बोला—"और, जब से यह बंदा यानी छोटेलाल आया है, तब से 'दोनों प्राणी' सुख-चैन से सोते हैं। भैया की गैरहाज़िरी में अब कोई 'मस्तान' हमारी गलीवाली खिड़की के आस-पास कोई 'दिलफेंक फिल्मी गाना' गाकर देख ले, ज़रा!… पहले तो यहाँ के इन 'सुथनासाह बादसाहों' ने मुझे देहाती-भुच्चा समझकर सिगरेट के धुएँ से उड़ा ही देने की कोशिश की। लेकिन जब छोटेलाल ने एक फुटफुटीबाज का 'गट्टा' पकड़ा कसके तो, पहले तो सालों ने ठीक सिनेमा के 'फैट' के अंदाज में बाँके तिरछे कायदे दिखाए—बाद में जब छोटेलाल का पहला 'झापड़' पड़ा कि बाकी साले ऐसे भागे… तो, कहते हो कि क्यों आए! नहीं तो, आज के दिन से ही, माने सलोनी पुरनिमाँ के

दिन से ही 'क्रिस्नाकुम्मर' मेले में होनेवाले 'डरामा' का 'रिहलसल' शुरू हो जाता है। ओह! इस बार, अभी क्या जो होता होगा वहाँ···?''

छोटेलाल को गाँव की याद में इस तरह खोते हुए देखकर मैंने उसे जगाया—''आप ड्रामा में क्या करते थे?''

मेरा सवाल पूरा भी नहीं हो पाया, इसके पहले ही छोटेलाल ने जवाब दिया—''क्या नहीं करता था? पर्दा-पोशाक जमा करने से लेकर 'रिहलसल' के लिए दरी-जाजिम-पंचलैट-चाह-हलवा-भाँगबूटी का इंतजाम··· और, डरामा हो चाहे कुश्ती, चाहे घुड़दौड़—बिना छोटेलाल के हो तो जाए कोई काम?···यह मत समझिए कि देहात में एकदम देहाती डरामा करता होगा। जी नहीं, एकदम नहीं। स्टेज पर बजते 'फौकसिंग' से खेला होता था—'बगदाद का सौदागर' तो, 'सुलताना डाकू' तो, 'भगतसिंह'··· और, खेला ऐसा कि गुलाबबाग मेला में आनेवाली 'दि ग्रेट ठेठरिकल कंपनी ऑफ इंडिया' भी मात! समझे?''

पहली मुलाकात के बाद से ही हम मित्र हो गए। उससे बातें करके सदा मुझे कुछ नए शब्दों और मुहावरों की प्राप्ति हो जाती है। कभी-कभी एक ही साथ कई कहानियाँ–'सच्ची कहानी', 'बनती हुई कहानी,' 'बिगड़ती हुई कहानी', 'धारावाहिक कहानी' !! छोटेलाल समझ गया है कि उसके 'देहाती माल' से लेकर 'शहरी मसाला' का असल गाहक मैं ही हूँ। कभी चाय, कभी बिस्कुट अथवा उबला हुआ अंडा पाकर वह 'चटपटी प्रेम-कहानियाँ' सुनाने लगता है—''अरे भैया! देहात में जिसको 'लाट-साट' या 'लटपटा जाना' कहते हैं, उसको ही शहर में 'लभ' चाहे 'प्रेम' कहते हैं—हमारी 'दइया' है न··· उसके जिम्मे एक-से-एक 'मोहब्बत मार्का' किस्सा है।···इस नगर के पाँच रोड के पचास 'फेमिली' के नौकर और दाई और जमादार-जमादारनी से मेरा हेलमेल है। सो, रोज तीन-चार, प्रेम-पिहानी···वह छोटकी गाड़ी में 'चंडोल-सफाचट' बूढ़ा अभी गया न—वह अपनी जमादारनी से 'इशकबाजी'···अरे बूढ़ा है? दिल भी कहीं बूढ़ा होता है··· उस लौंडे को देखते हैं न··· वही जो 'लेडिज़फिगर' खरीद रहा है—अपनी अधेड़ मालकिन का 'खानगी' नौकर है—मौज कर रहा है—मैं उसको क्या कहता हूँ जानते हैं? बैसाखी खीरे का बतिया!···तीन नंबर के लाल बँगले के छत पर हर रात को 'जिंदा-सिनेमा' होता है।··· और, 'लभ' वाली शादी कहिए चाहे प्रेमविवाह—मगर, है यह बालू की दीवार··· अब मेरी भाभी को ही देखिए न—भैया के जितने दोस्त आते हैं, सभी 'लभ' की नज़र से देखते हैं। माने, एक बार एक आदमी से लभ करनेवाली लड़की हमेशा किसी-न-किसी आदमी से लभ करती ही रहती है—लोग यही समझते हैं। मेरा भी यही अनुमान है। फिर किसी दिन सुनाएँगे आपको···।''

कभी-कभी वह बहुत ही उदास दिखता तो मैं टोक देता—"आज कुछ उदास नज़र आ रहे हो, छोटे? क्यों, क्या बात है?"

उस दिन क्रिस्ना के कोंचने और चिढ़ाने पर भी वह कोई जवाब नहीं देता। किंतु, मेरे सवाल के जवाब में प्रायः वह कहा करता—"जी करता है, उड़कर चला जाऊँ।"

"कहाँ?"—मैं अचरज से पूछता।

"और कहाँ? गाँव।"

सात-आठ महीने की बैठकों में मैं उसके भैया-भौजी, गाँव-घर, टोला-समाज के लोगों के अलावा उसके गाँव के आस-पास के खेत-मैदान, नदी-पोखरे, हाट-घाट-बाट से अच्छी तरह परिचित हो चुका था। पूछता—"क्यों? रानीगंज हाट की जलेबी खाने का जी करता है या रजौली पोखरे की मछली?"

उस दिन, ऐसा लगा कि वह मेरी ही प्रतीक्षा कर रहा था। उदासी का कारण पूछते ही वह मुझे चाय की दुकान पर ले गया, हाथ पकड़कर—"अब आप ही बतलाइए जी। मैं क्या करूँ? भैया-भौजी की लड़ाई अब आखिरी सीमा पर पहुँच गई है। अब तो कभी-कभी मार-पीट, 'पजड़ा-पजड़ोवल' भी हो जाती है। जब दोनों झगड़ने लगते हैं, तो मैं रेडियो को और तेज़ कर देता हूँ। पानी के दोनों नलों को 'फुलस्पीड' में खोल देता हूँ, ताकि बाहर के लोगों तक—पास-पड़ोस में उनके झगड़े की आवाज़ नहीं पहुँच सके। मगर अब लगता है, बात फैल जाएगी। अब मैं क्या करूँ? किसका साथ दूँ?... भौजी का संदेह समा गया है कि भैया किसी मुँहबोली बहन के साथ 'लभ' में लटपटा गए हैं और भैया कहते हैं कि शहर की लड़की से शादी करके उनकी शांति समाप्त हो गई। अब मैं अगर भैया का 'पच्छ' लेता हूँ तो भौजी और भौजी के तरफ से बोलूँ तो भैया—दोनों ओर से जाता हूँ—दोनों मुझसे नाराज़... अजीब साँसत में मेरी जान फँसी है। बताइए न, क्या करूँ?"

आज छोटे बहुत प्रसन्न है। उसने भैया के गृहकलह को शांत कर दिया है। "मैंने भैया से एकांत में कहा—'भाभी की गैरहाज़िरी में अब अगर किसी मुँहबोली बहन को घर पर लाइएगा तो मैं भाभी को बता दूँगा।' और, भाभी को धमकी दी—'मैके जाने का बहाना बनाकर आप इस मुहल्ले की मौसी और उस मुहल्ले की मामी के घर जाना बंद करिए, भाभी! नहीं तो बिलट रिक्शावाला को गवाही में लाकर खड़ा कर दूँगा कि आप कहाँ-कहाँ जाती हैं और किस-किससे मिलती हैं।'"

अंत में, सबसे बड़ी खुशखबरी देते हुए वह तनिक लजाया। फिर

मुस्कराया—''अब आप ही बतलाइए न, मैं क्या करूँ? भाभी के एक मौसी है। उसकी छै लड़कियाँ। लेकिन चौथी लड़की ठीक भाभी की तरह है, देखने में। भाभी उसको खूब मानती हैं। कभी-कभी वह आकर दो-तीन दिन रह भी जाती है। सो··· अब क्या बतावें। अपने जानते तो मैं बड़ा होशियारी से रहता आया हूँ इस शहर में, मगर, वह लड़की पता नहीं कैसे और कब से मुझसे 'लभ' करने लगी कि मुझसे पहले भाभी को पता चल गया। अब भाभी कहती हैं कि छोटे··· ? अब क्या बताऊँ कि भाभी क्या कहती है? एकदम, सीधे शादी कर लेने को कहती है। अब आप ही बतलाइए न—मैं क्या करूँ? अगर 'लभ' नहीं करने लगी होती तो मैं साफ-साफ कह देता कि शहर की लपस्टिक लड़कियाँ मुझे पसंद नहीं। लेकिन, अब ऐसा कहने से उसका दिल टूट जाएगा न। है कि नहीं?''

लाल पान की बेगम

''क्यों बिरजू की माँ, नाच देखने नहीं जाएगी क्या?''

बिरजू की माँ शकरकंद उंबालकर बैठी मन-ही-मन कुढ़ रही थी अपने आँगन में। सात साल का लड़का बिरजू शकरकंद के बदले तमाचे खाकर आँगन में लोट-पोटकर सारी देह में मिट्टी मल रहा था। चंपिया के सिर भी चुड़ैल मँडरा रही है··· आधे-आँगन धूप रहते जो गई है सहुआइन की दुकान छोवा-गुड़ लाने, सो अभी तक नहीं लौटी; दीया-बाती की बेला हो गई। आए आज लौटके ज़रा! बागड़ बकरे की देह में कुकुरमाछी लगी थी, इसलिए बेचारा बागड़ रह-रहकर कूद-फाँद कर रहा था। बिरजू की माँ बागड़ पर मन का गुस्सा उतारने का बहाना ढूँढ़कर निकाल चुकी थी।···पिछवाड़े की मिर्च की फूली गाछ! बागड़ के सिवा और किसने कलेवा किया होगा! बागड़ को मारने के लिए वह मिट्टी का छोटा ढेला उठा चुकी थी, कि पड़ोसिन मखनी फुआ की पुकार सुनाई पड़ी—''क्यों बिरजू की माँ, नाच देखने नहीं जाएगी क्या?''

''बिरजू की माँ के आगे नाथ और पीछे पगहिया न हो तब न; फुआ!''

गरम गुस्से में बुझी नुकीली बात फुआ की देह में धँस गई और बिरजू की माँ ने हाथ के ढेले को पास ही फेंक दिया—"बेचारे बागड़ को कुकुरमाछी परेशान कर रही है। आ-हा, आय ··· आय! हर्-र-र! आय-आय!"

बिरजू ने लेटे-ही-लेटे बागड़ को एक डंडा लगा दिया। बिरजू की माँ की इच्छा हुई कि जाकर उसी डंड़े से बिरजू का भूत भगा दे, किंतु नीम के पास खड़ी पनभरनियों की खिलखिलाहट सुनकर रुक गई। बोली, "ठहर, तेरे बप्पा ने बड़ा हथछुट्टा बना दिया है तुझे! बड़ा हाथ चलता है लोगों पर। ठहर!"

मखनी फुआ नीम के पास झुकी कमर से घड़ा उतारकर पानी भरकर लौटती पनभरनियों में बिरजू की माँ की बहकी हुई बात का इंसाफ करा रही थी—"ज़रा देखो तो इस बिरजू की माँ को! चार मन पाट (जूट) का पैसा क्या हुआ है, धरती पर पाँव ही नहीं पड़ते! निसाफ करो! खुद अपने मुँह से आठ दिन पहले से ही गाँव की अली-गली में बोलती फिरी है, 'हाँ, इस बार बिरजू के बप्पा ने कहा है, बैलगाड़ी पर बिठाकर बलरामपुर का नाच दिखा लाऊँगा। बैल अब अपने घर है, तो हज़ार गाड़ी मँगनी मिल जाएँगी।' सो मैंने अभी टोक दिया, नाच देखनेवाली सब तो औन-पौन कर तैयार हो रही हैं, रसोई-पानी कर रहे हैं। मेरे मुँह में आग लगे, क्यों मैं टोकने गई! सुनती हो, क्या जवाब दिया बिरजू की माँ ने?"

मखनी फुआ ने अपने पोपले मुँह के होंठों को एक ओर मोड़कर ऐंठती हुई बोली निकाली—"अर्-रें-हाँ-हाँ! बि-र-र-ज्जू की मै···या के आगे नाथ औ-र्र पीछे पगहिया ना हो, तब्ब ना-आ-आ!"

जंगी की पुतोहू बिरजू की माँ से नहीं डरती। वह ज़रा गला खोलकर ही कहती है, "फुआ-आ! सरबे सित्तलमिटी (सर्वे सेट्लमेंट) के हाकिम के बासा पर फूलछाप किनारीवाली साड़ी पहनके यदि तू भी भटा की भेंटी चढ़ाती तो तुम्हारे नाम से भी दु-तीन बीघा धनहर जमीन का पर्चा कट जाता! फिर तुम्हारे घर भी आज दस मन सोनाबंग पाट होता, जोड़ा बैल खरीदता! फिर आगे नाथ और पीछे सैकड़ों पगहिया झूलती!"

जंगी की पुतोहू मुँहजोर है। रेलवे स्टेशन के पास की लड़की है। तीन ही महीने हुए, गौने की नई बहू होकर आई है और सारे कुर्माटोली की सभी झगड़ालू सासों से एकाध मोरचा ले चुकी है। उसका ससुर जंगी दागी चोर है, सी-किलासी है। उसका खसम रंगी कुर्माटोली का नामी लठैत। इसीलिए हमेशा सींग खुजाती फिरती जंगी की पुतोहू!

बिरजू की माँ के आँगन में जंगी की पुतोहू की गला-खोल बोली गुलेल की गोलियों की तरह दनदनाती हुई आई थी। बिरजू की माँ ने एक तीखा जवाब

खोजकर निकाला, लेकिन मन मसोसकर रह गई। ··· गोबर की ढेरी में कौन ढेला फेंके !

जीभ के झाल को गले में उतारकर बिरजू की माँ ने अपनी बेटी चंपिया को आवाज़ दी–"अरी चंपिया-या-या, आज लौटे तो तेरी मूड़ी मरोड़कर चूल्हे में झोंकती हूँ ! दिन-दिन बेचाल होती जाती है ! ··· गाँव में तो अब ठेठर-बैसकोप का गीत गानेवाली पतुरिया-पुतोहू सब आने लगी हैं। कहीं बैठके 'बाजे न मुरलिया' सीख रही होगी ह-र-जा-ई-ई ! अरी चंपिया-या-या !"

जंगी की पुतोहू ने बिरजू की माँ की बोली का स्वाद लेकर कमर पर घड़े को सँभाला और मटककर बोली, "चल दिदिया, चल ! इस मुहल्ले में लाल पान की बेगम बसती है ! नहीं जानती, दोपहर-दिन और चौपहर-रात बिजली की बत्ती भक्-भक् कर जलती है !"

भक्-भक् बिजली-बत्ती की बात सुनकर न जाने क्यों सभी खिलखिलाकर हँस पड़ीं। फुआ की टूटी हुई दंत-पंक्तियों के बीच से एक मीठी गाली निकली–"शैतान की नानी !"

बिरजू की माँ की आँखों पर मानो किसी ने तेज़ टार्च की रोशनी डालकर चौंधिया दिया। ··· भक्-भक् बिजली-बत्ती ! तीन साल पहले सर्वे कैंप के बाद गाँव की जलनडाही औरतों ने एक कहानी गढ़के फैलाई थी, चंपिया की माँ के आँगन में रात-भर बिजली-बत्ती भुकभुकाती थी ! चंपिया की माँ के आँगन में नाकवाले जूते की छाप घोड़े की टाप की तरह। ··· जलो, जलो ! और जलो ! चंपिया की माँ के आँगन में चाँदी-जैसे पाट सूखते देखकर जलनेवाली सब औरतें खलिहान पर सोनोली धान के बोझों को देखकर बैंगन का भुर्ता हो जाएँगी।

मिट्टी के बरतन से टपकते हुए छोवा-गुड़ को उँगलियों से चाटती हुई चंपिया आई और माँ के तमाचे खाकर चीख पड़ी–"मुझे क्यों मारती है-ए-ए-ए ! सहुआइन जल्दी से सौदा नहीं देती है-एँ-एँ-एँ-एँ !"

"सहुआइन जल्दी सौदा नहीं देती की नानी ! एक सहुआइन की ही दुकान पर मोती झरते हैं, जो जड़ गाड़कर बैठी हुई थी ! बोल, गले पर लात देकर कल्ला तोड़ दूँगी हरजाई, जो फिर कभी 'बाजे न मुरलिया' गाते सुना ! चाल सीखने जाती है टीशन की छोकरियों से !"

बिरजू की माँ ने चुप होकर अपनी आवाज अंदाजी कि उसकी बात जंगी के झोंपड़े तक साफ-साफ पहुँच गई होगी।

बिरजू बीती हुई बातों को भूलकर उठ खड़ा हुआ था और धूल झाड़ते हुए बरतन से टपकते गुड़ को ललचाई निगाह से देखने लगा था। ··· दीदी के साथ वह भी

दुकान जाता तो दीदी उसे भी गुड़ चटाती, जरूर ! वह शकरकंद के लोभ में रहा और माँगने पर माँ ने शकरकंद के बदले...

"ए मैया, एक अँगुली गुड़ दे दे !" बिरजू ने तलहथी फैलाई—"दे ना मैया, एक-रत्ती-भर !"

"एक रत्ती क्यों ; उठाके बरतन को फेंक आती हूँ पिछवाड़े में ; जाके चाटना ! नहीं बनेगी मीठी रोटी !...मीठी रोटी खाने का मुँह होता है !" बिरजू की माँ ने उबले शकरकंद का सूप रोती हुई चंपिया के सामने रखते हुए कहा, "बैठके छिलके उतार, नहीं तो अभी... !"

दस साल की चंपिया जानती है, शकरकंद छीलते समय कम-से-कम बारह बार माँ उसे बाल पकड़कर झकझोरेगी, छोटी-छोटी खोट निकालकर गालियाँ देगी—'पाँव फैलाके क्यों बैठी है उस तरह, बेलज्जी !' चंपिया माँ के गुस्से को जानती है।

बिरजू ने इस मौके पर थोड़ी-सी खुशामद करके देखा—"मैया, मैं भी बैठकर शकरकंद छीलूँ ?"

"नहीं ?" माँ ने झिड़की दी, "एक शकरकंद छीलेगा और तीन पेट में ! जाके सिद्धू की बहू से कहो, एक घंटे के लिए कड़ाही माँगकर ले गई तो फिर लौटाने का नाम नहीं। जा जल्दी !"

मुँह लटकाकर आँगन से निकलते-निकलते बिरजू ने शकरकंद और गुड़ पर निगाह दौड़ाई। चंपिया ने अपने झबरे केश की ओट से माँ की ओर देखा और नज़र बचाकर चुपके से बिरजू की ओर एक शकरकंद फेंक दिया।... बिरजू भागा।

"सूरज भगवान डूब गए। दीया-बत्ती की बेला हो गई। अभी तक गाड़ी..."

चंपिया बीच में ही बोल उठी—"कोयरीटोले में किसी ने गाड़ी नहीं दी मैया ! बप्पा बोले, माँ से कहना सब ठीक-ठाक करके तैयार रहें। मलदहियाटोली के मियाँजान की गाड़ी लाने जा रहा हूँ।"

सुनते ही बिरजू की माँ का चेहरा उतर गया। लगा, छाते की कमानी उतर गई घोड़े से अचानक। कोयरीटोले में किसी ने गाड़ी मँगनी नहीं दी ! तब मिल चुकी गाड़ी ! जब अपने गाँव के लोगों की आँख में पानी नहीं तो मलदहियाटोली के मियाँजान की गाड़ी का क्या भरोसा ! न तीन में, न तेरह में ! क्या होगा शकरकंद छीलकर ! रख दे उठा के !... यह मर्द नाच दिखाएगा ! बैलगाड़ी पर चढ़कर नाच दिखाने ले जाएगा ! चढ़ चुकी बैलगाड़ी पर, देख चुकी जी-भर नाच... पैदल जानेवाली सब पहुँचकर पुरानी हो चुकी होंगी।

बिरजू छोटी कड़ाही सिर पर औंधाकर वापस आया—"देख दिदिया, मलेटरी

टोपी ! इस पर दस लाठी मारने से भी कुछ नहीं होता ।"

चंपिया चुपचाप बैठी रही, कुछ बोली नहीं, ज़रा-सी मुस्कराई भी नहीं । बिरजू ने समझ लिया, मैया का गुस्सा अभी उतरा नहीं है पूरे तौर से ।

मढ़ैया के अंदर से बागड़ को बाहर भगाती हुई बिरजू की माँ बड़बड़ाई—"कल ही पँचकौड़ी कसाई के हवाले करती हूँ राकस तुझे ! हर चीज में मुँह लगाएगा । चंपिया, बाँध दे बागड़ को । खोल दे गले की घंटी ! हमेशा टुनुर-टुनुर ! मुझे ज़रा नहीं सुहाता है !"

'टुनुर-टुनुर' सुनते ही बिरजू को सड़क से जाती हुई बैलगाड़ियों की याद हो आई—"अभी बबुआनटोले की गाड़ियाँ नाच देखने जा रही थीं··· झुनुर-झुनुर बैलों की झुमकी, तुमने सु···"

"बेसी बक-बक मत करो !" बागड़ के गले से झुनकी खोलती बोली चंपिया ।

"चंपिया, डाल दे चूल्हे में पानी ! बप्पा आवे तो कहना कि अपने उड़नजहाज पर चढ़कर नाच देख आएँ ! मुझे नाच देखने का सौख नहीं !···मुझे जगइयो मत कोई ! मेरा माथा दुख रहा है ।"

मढ़ैया के ओसारे पर बिरजू ने फिसफिसाके पूछा, "क्यों दिदिया, नाच में उड़नजहाज भी उड़ेगा ?"

चटाई पर कथरी ओढ़कर बैठती हुई चंपिया ने बिरजू को चुपचाप अपने पास बैठने का इशारा किया, मुफ्त मैं मार खाएगा बेचारा !

बिरजू ने बहन की कथरी में हिस्सा बाँटते हुए चुक्की-मुक्की लगाई । जाड़े के समय इस तरह घुटने पर ठुड्डी रखकर चुक्की-मुक्की लगाना सीख चुका है वह । उसने चंपिया के कान के पास मुँह ले जाकर कहा, "हम लोग नाच देखने नहीं जाएँगे ?··· गाँव में एक पंछी भी नहीं है । सब चले गए ।"

चंपिया को अब तिल-भर भी भरोसा नहीं । संझा तारा डूब रहा है । बप्पा अभी तक गाड़ी लेकर नहीं लौटे ।···एक महीना पहले से ही मैया कहती थी, बलरामपुर के नाच के दिन मीठी रोटी बनेगी ; चंपिया छींट की साड़ी पहनेगी ; बिरजू पैंट पहनेगा ; बैलगाड़ी पर चढ़कर—

चंपिया की भीगी पलकों पर एक बूँद आँसू आ गया ।

बिरजू का भी दिल भर आया । उसने मन-ही-मन इमली पर रहनेवाले जिनबाबा को एक बैंगन कबूला, गाछ का सबसे पहला बैंगन, उसने खुद जिस पौधे को रोपा है !··· जल्दी से गाड़ी लेकर बप्पा को भेज दो, जिनबाबा !

मढ़ैया के अंदर बिरजू की माँ चटाई पर पड़ी करवटें ले रही थी । उँह, पहले से किसी बात का मनसूबा नहीं बाँधना चाहिए किसी को ! भगवान ने मनसूबा तोड़

दिया। उसको सबसे पहले भगवान से पूछना है, यह किस चूक का फल दे रहे हो भोला बाबा ! अपने जानते उसने किसी देवता-पित्तर की मान-मनौती बाकी नहीं रखी। सर्वे के समय जमीन के लिए जितनी मनौतियाँ की थीं ··· ठीक ही तो ! महाबीर जी का रोट तो बाकी ही है। हाय रे दैव ! ··· भूल-चूक माफ करो महाबीर बाबा ! मनौती दूनी करके चढ़ाएगी बिरजू की माँ ! ···

बिरजू की माँ के मन में रह-रहकर जंगी की पुतोहू की बातें चुभती हैं, भक्-भक् बिजली-बत्ती ! ··· चोरा-चमारी करनेवाले की बेटी-पुतोहू जलेगी नहीं ! पाँच बीघा ज़मीन क्या हासिल की है बिरजू के बप्पा ने, गाँव की भाईखौकियों की आँखों में किरकिरी पड़ गई है। खेत में पाट लगा देखकर गाँव के लोगों की छाती फटने लगी ; धरती फोड़कर पाट लगा है ; बैसाखी बादलों की तरह उमड़ते आ रहे हैं पाट के पौधे ! तो अलान, तो फलान ! इतनी आँखों की धार भला फसल सहे ! जहाँ पंद्रह मन पाट होना चाहिए, सिर्फ दस मन पाट काँटा पर तौल के ओजन हुआ रब्बी भगत के यहाँ। ···

इसमें जलने की क्या बात है भला ! ··· बिरजू के बप्पा ने तो पहले ही कुर्माटोली के एक-एक आदमी को समझाके कहा, 'जिंदगी-भर मजदूरी करते रह जाओगे। सर्वे का समय हो रहा है, लाठी कड़ी करो तो दो-चार बीघे जमीन हासिल कर सकते हो।' सो गाँव की किसी पुतखौकी का भतार सर्वे के समय बाबूसाहेब के खिलाफ खाँसा भी नहीं। ··· बिरजू के बप्पा को कम सहना पड़ा है ! बाबूसाहेब गुस्से से सरकस नाच के बाघ की तरह हुमड़ते रह गए। उनका बड़ा बेटा घर में आग लगाने की धमकी देकर गया। ··· आखिर बाबूसाहेब ने अपने सबसे छोटे लड़के को भेजा। बिरजू की माँ को 'मौसी' कहके पुकारा—'यह जमीन बाबू जी ने मेरे नाम से खरीदी थी। मेरी पढ़ाई-लिखाई उसी जमीन की उपज से चलती है।' ··· और भी कितनी बातें। खूब मोहना जानता है उत्ता ज़रा-सा लड़का। जमींदार का बेटा है कि ···

''चंपिया, बिरजू सो गया क्या ? यहाँ आ जा बिरजू, अंदर। तू भी आ जा, चंपिया ! ··· भला आदमी आए तो एक बार आज !''

बिरजू के साथ चंपिया अंदर चली गई।

''ढिबरी बुझा दे। ··· बप्पा बुलाएँ तो जवाब मत देना। खपच्ची गिरा दे।''

भला आदमी रे, भला आदमी ! मुँह देखो ज़रा इस मर्द का ! ··· बिरजू की माँ दिन-रात मंझा न देती रहती तो ले चुके थे जमीन ! रोज आकर माथा पकड़के बैठ जाएँ, 'मुझे जमीन नहीं लेनी है बिरजू की माँ, मजूरी ही अच्छी।' ··· जवाब देती थी बिरजू की माँ खूब सोच-समझके, 'छोड़ दो, जब तुम्हारा कलेजा ही थिर नहीं होता है तो क्या होगा ? जोरू-जमीन ज़ोर के, नहीं तो किसी और के ! ···

बिरजू के बाप पर बहुत तेज़ी से गुस्सा चढ़ता है। चढ़ता ही जाता है। ··· बिरजू की माँ का भाग ही खराब है, जो ऐसा गोबरगनेश घरवाला उसे मिला। कौन-सा सौख-मौज़ दिया है उसके मर्द ने ? कोल्हू के बैल की तरह खटकर सारी उम्र काट दी इसके यहाँ, कभी एक पैसे की जलेबी भी लाकर दी है उसके खसम ने ! ··· पाट का दाम भगत के यहाँ से लेकर बाहर-ही-बाहर बैल-हट्टा चले गए। बिरजू की माँ को एक बार नमरी लोट देखने भी नहीं दिया आँख से। ··· बैल खरीद लाए। उसी दिन से गाँव में ढिंढोरा पीटने लगे, बिरजू की माँ इस बार बैलगाड़ी पर चढ़कर जाएगी नाच देखने ! ··· दूसरे की गाड़ी के भरोसे नाच दिखाएगा ! ···

अंत में उसे अपने-आप पर क्रोध हो आया। वह खुद भी कुछ कम नहीं ! उसकी जीभ में आग लगे ! बैलगाड़ी पर चढ़कर नाच देखने की लालसा किसी कुसमय में उसके मुँह से निकली थी, भगवान जानें ! फिर आज सुबह से दोपहर तक, किसी-न-किसी बहाने उसने अठारह बार बैलगाड़ी पर नाच देखने की चर्चा छेड़ी है। ··· लो, खूब देखो नाच ! वाह रे नाच ! कथरी के नीचे दुशाले का सपना ! ··· कल भोरे पानी भरने के लिए जब जाएगी, पतली जीभवाली पतुरिया सब हँसती आएँगी, हँसती जाएँगी। ··· सभी जलते हैं उससे, हाँ भगवान, दाढ़ीजार भी ! दो बच्चों की माँ होकर भी वह जस-की-तस है। उसका घरवाला उसकी बात में रहता है। वह बालों में गरी का तेल डालती है। उसकी अपनी जमीन है। है किसी के पास एक घूर जमीन भी अपने इस गाँव में ! जलेंगे नहीं, तीन बीघे में धान लगा हुआ है, अगहनी। लोगों की बिखदीठ से बचे, तब तो !

बाहर बैलों की घंटियाँ सुनाई पड़ीं। तीनों सतर्क हो गए। उत्कर्ण होकर सुनते रहे।

"अपने ही बैलों की घंटी है, क्यों री चंपिया ?"

चंपिया और बिरजू ने प्रायः एक ही साथ कहा, "हूँ-ऊँ-ऊँ !"

"चुप !" बिरजू की माँ ने फिसफिसाकर कहा, "शायद गाड़ी भी है, घड़घड़ाती है न ?"

"हूँ-ऊँ-ऊँ !" दोनों ने फिर हुँकारी भरी।

"चुप ! गाड़ी नहीं है। तू चुपके से टट्टी में छेद करके देख तो आ चंपी ! भागके आ, चुपके-चुपके।"

चंपिया बिल्ली की तरह हौले-हौले पाँव से टट्टी के छेद से झाँक आई—"हाँ मैया, गाड़ी भी है !"

बिरजू हड़बड़ाकर उठ बैठा। उसकी माँ ने उसके हाथ पकड़कर सुला दिया—"बोले मत !"

चंपिया भी गुदड़ी के नीचे घुस गई।

बाहर बैलगाड़ी खोलने की आवाज हुई। बिरजू के बाप ने बैलों को जोर से डाँटा—"हाँ-हाँ! आ गए घर! घर आने के लिए छाती फटी जाती थी!"

बिरजू की माँ ताड़ गई, जरूर मलदहियाटोली में गाँजे की चिलम चढ़ रही थी, आवाज तो बड़ी खनखनाती हुई निकल रही है।

"चंपिया-ह!" बाहर से ही पुकारकर कहा उसके बाप ने, "बैलों को घास दे दे, चंपिया-ह!"

अंदर से कोई जवाब नहीं आया। चंपिया के बाप ने आँगन में आकर देखा तो न रोशनी, न चिराग, न चूल्हे में आग। ...बात क्या है! नाच देखने, उतावली होकर, पैदल ही चली गई क्या...!

बिरजू के गले में खसखसाहट हुई और उसने रोकने की पूरी कोशिश भी की, लेकिन खाँसी जब शुरू हुई तो पूरे पाँच मिनट तक वह खाँसता रहा।

"बिरजू! बेटा बिरजमोहन!" बिरजू के बाप ने पुचकारकर बुलाया, "मैया गुस्से के मारे सो गई क्या? ...अरे अभी तो लोग जा ही रहे हैं।"

बिरजू की माँ के मन में आया कि कसकर जवाब दे, नहीं देखना है नाच! लौटा दो गाड़ी!

"चंपिया-ह! उठती क्यों नहीं? ले, धान की पँचसीस रख दे।" धान की बालियों का छोटा झब्बा झोंपड़े के ओसारे पर रखकर उसने कहा, "दीया बालो!"

बिरजू की माँ उठकर ओसारे पर आई—"डेढ़ पहर रात को गाड़ी लाने की क्या जरूरत थी? नाच तो अब खत्म हो रहा होगा।"

ढिबरी की रोशनी में धान की बालियों का रंग देखते ही बिरजू की माँ के मन का सब मैल दूर हो गया। ...धानी रंग उसकी आँखों से उतरकर रोम-रोम में घुल गया।

"नाच अभी शुरू भी नहीं हुआ होगा। अभी-अभी बलरामपुर के बाबू की संपनी गाड़ी मोहनपुर होटिल-बँगला से हाकिम साहब को लाने गई है। इस साल आखिरी नाच है। ...पँचसीस टट्टी में खोंस दे, अपने खेत का है।"

"अपने खेत का?" हुलसती हुई बिरजू की माँ ने पूछा, "पक गए धान?"

"नहीं, दस दिन में अगहन चढ़ते-चढ़ते लाल होकर झुक जाएँगी सारे खेत की बालियाँ! ...मलदहियाटोली पर जा रहा था, अपने खेत में धान देखकर आँखें जुड़ा गईं। सच कहता हूँ, पँचसीस तोड़ते समय उँगलियाँ काँप रही थीं मेरी!"

बिरजू ने धान की एक बाली से एक धान लेकर मुँह में डाल लिया और उसकी माँ ने एक हल्की डाँट दी—"कैसा लुक्कड़ है तू रे! ...इन दुश्मनों के मारे कोई

नेम-धरम जो बचे !"

"क्या हुआ, डाँटती क्यों है ?"

"नवान्न के पहले ही नया धान जुठा दिया, देखते नहीं ?"

"अरे, इन लोगों का सबकुछ माफ है । चिरई-चुरमुन हैं ये लोग ! दोनों के मुँह में नवान्न के पहले नया अन्न न पड़े ?"

इसके बाद चंपिया ने भी धान की बाली से दो धान लेकर दाँतों-तले दबाए—"ओ मैया ! इतना मीठा चावल !"

"और गमकता भी है न दिदिया ?" बिरजू ने फिर मुँह में धान लिया ।

"रोटी-पोटी तैयार कर चुकी क्या ?" बिरजू के बाप ने मुस्कराकर पूछा ।

"नहीं !" मान-भरे सुर में बोली बिरजू की माँ, "जाने का ठीक-ठिकाना नहीं और रोटी बनाती !"

"वाह ! खूब हो तुम लोग !··· जिसके पास बैल है, उसे गाड़ी मँगनी नहीं मिलेगी भला ? गाड़ीवालों को भी बैल की कभी जरूरत होगी।··· पूछूँगा तब कोयरीटोलावालों से !··· ले, जल्दी से रोटी बना ले ।"

"देर नहीं होगी !"

"अरे, टोकरी-भर रोटी तो तू पलक मारते बना लेती है ; पाँच रोटियाँ बनाने में कितनी देर लगेगी !"

अब बिरजू की माँ के होंठों पर मुस्कराहट खुलकर खिलने लगी । उसने नजर बचाकर देखा, बिरजू का बप्पा उसकी ओर एकटक निहार रहा है ।··· चंपिया और बिरजू न होते तो मन की बात हँसकर खोलते देर न लगती । चंपिया और बिरजू ने एक-दूसरे को देखा और खुशी से उनके चेहरे जगमगा उठे—"मैया बेकार गुस्सा हो रही थी न !"

"चंपी ! ज़रा घैलसार में खड़ी होकर मखनी फुआ को आवाज दे तो !"

"ऐ फू-आ-आ ! सुनती हो फूआ-आ ! मैया बुला रही है !"

फुआ ने कोई जवाब नहीं दिया, किंतु उसकी बड़बड़ाहट स्पष्ट सुनाई पड़ी—"हाँ ! अब फुआ को क्यों गुहारती है ? सारे टोले में बस एक फुआ ही तो बिना नाथ-पगहियावाली है ।"

"अरी फुआ !" बिरजू की माँ ने हँसकर जवाब दिया, "उस समय बुरा मान गई थी क्या ? नाथ-पगहियावाले को आकर देखो, दोपहर रात में गाड़ी लेकर आया है ! आ जाओ फुआ, मैं मीठी रोटी पकाना नहीं जानती ।"

फुआ काँखती-खाँसती आई—"इसी के घड़ी-पहर दिन रहते ही पूछ रही थी कि नाच देखने जाएगी क्या ? कहती, तो मैं पहले से ही अपनी अँगीठी यहाँ सुलगा

जाती।"

बिरजू की माँ ने फुआ को अँगीठी दिखला दी और कहा, "घर में अनाज-दाना वगैरह तो कुछ है नहीं। एक बागड़ है और कुछ बरतन-बासन, सो रात-भर के लिए यहाँ तंबाकू रख जाती हूँ। अपना हुक्का ले आई हो न फुआ?"

फुआ को तंबाकू मिल जाए, तो रात-भर क्या, पाँच रात बैठकर जाग सकती है। फुआ ने अँधेरे में टटोलकर तंबाकू का अंदाज किया··· ओ-हो! हाथ खोलकर तंबाकू रखा है बिरजू की माँ ने! और एक वह है सहुआइन! राम कहो! उस रात को अफीम की गोली की तरह एक मटर-भर तंबाकू रखकर चली गई गुलाब-बाग मेले और कह गई कि डिब्बी-भर तंबाकू है।

बिरजू की माँ चूल्हा सुलगाने लगी। चंपिया ने शकरकंद को मसलकर गोले बनाए और बिरजू सिर पर कड़ाही औंधाकर अपने बाप को दिखलाने लगा—"मलेटरी टोपी! इस पर दस लाठी मारने से भी कुछ नहीं होगा!"

सभी ठठाकर हँस पड़े। बिरजू की माँ हँसकर बोली, "ताखे पर तीन-चार मोटे शकरकंद हैं, दे दे बिरजू को चंपिया, बेचारा शाम से ही···"

"बेचारा मत कहो मैया, खूब सचारा है!" अब चंपिया चहकने लगी, "तुम क्या जानो, कथरी के नीचे मुँह क्यों चल रहा था बाबू साहब का!"

"ही-ही-ही!"

बिरजू के टूटे दूध के दाँतों की फाँक से बोली निकली, "बिलैक-मारटिन में पाँच शकरकंद खा लिया! हा-हा-हा!"

सभी फिर ठठाकर हँस पड़े। बिरजू की माँ ने फुआ का मन रखने के लिए पूछा, "एक कनवाँ गुड़ है। आधा दूँ फुआ?"

फुआ ने गद्गद होकर कहा, "अरी शकरकंद तो खुद मीठा होता है, उतना क्यों डालेगी?"

जब तक दोनों बैल दाना-घास खाकर एक-दूसरे की देह को जीभ से चाटें, बिरजू की माँ तैयार हो गई। चंपिया ने छींट की साड़ी पहनी और बिरजू बटन के अभाव में पैंट पर पटसन की डोरी बँधवाने लगा।

बिरजू की माँ ने आँगन से निकल गाँव की ओर कान लगाकर सुनने की चेष्टा की—"उँहुँ, इतनी देर तक भला पैदल जानेवाले रुके रहेंगे?"

पूर्णिमा का चाँद सिर पर आ गया है।··· बिरजू की माँ ने असली रूपा का मँगटिक्का पहना है आज, पहली बार। बिरजू के बप्पा को हो क्या गया है, गाड़ी जोतता क्यों नहीं, मुँह की ओर एकटक देख रहा है, मानो नाच की लाल पान की···

गाड़ी पर बैठते ही बिरजू की माँ की देह में एक अजीब गुदगुदी लगने लगी।

उसने बाँस की बल्ली को पकड़कर कहा, "गाड़ी पर अभी बहुत जगह है। ··· ज़रा दाहिनी सड़क से गाड़ी हाँकना।"

बैल जब दौड़ने लगे और पहिया जब चूँ-चूँ करके घरघराने लगा तो बिरजू से नहीं रहा गया—"उड़नजहाज की तरह उड़ाओ बप्पा!"

गाड़ी जंगी के पिछवाड़े पहुँची। बिरजू की माँ ने कहा, "ज़रा जंगी से पूछो न, उसकी पुतोहू नाच देखने चली गई क्या?"

गाड़ी के रुकते ही जंगी के झोंपड़े से आती हुई रोने की आवाज़ स्पष्ट हो गई। बिरजू के बप्पा ने पूछा, "अरे जंगी भाई, काहे कन्ना-रोहट हो रहा है आँगन में?"

जंगी घूर ताप रहा था, बोला, "क्या पूछते हो, रंगी बलरामपुर से लौटा नहीं, पुतोहिया नाच देखने कैसे जाए! आसरा देखते-देखते उधर गाँव की सभी औरतें चली गईं।"

"अरी टीशनवाली, तो रोती है काहे!" बिरजू की माँ ने पुकारकर कहा, "आ जा झट से कपड़ा पहनकर। सारी गाड़ी पड़ी हुई है! बेचारी! ··· आ जा जल्दी!"

बगल के झोंपड़े से राधे की बेटी सुनरी ने कहा, "काकी, गाड़ी में जगह है? मैं भी जाऊँगी।"

बाँस की झाड़ी के उस पार लरेना खवास का घर है। उसकी बहू भी नहीं गई है। गिलट का झुमकी-कड़ा पहनकर झमकती आ रही है।

"आ जा! जो बाकी रह गई हैं, सब आ जाएँ जल्दी!"

जंगी की पुतोहू, लरेना की बीवी और राधे की बेटी सुनरी, तीनों गाड़ी के पास आईं। बैल ने पिछला पैर फेंका। बिरजू के बाप ने एक भद्दी गाली दी—"साला! लताड़ मारकर लँगड़ी बनाएगा पुतोहू को!"

सभी ठठाकर हँस पड़े। बिरजू के बाप ने घूँघट में झुकी दोनों पुतोहुओं को देखा। उसे अपने खेत की झुकी हुई बालियों की याद आ गई।

जंगी की पुतोहू का गौना तीन ही मास पहले हुआ है। गौने की रंगीन साड़ी से कड़वे तेल और लठवा-सिंदूर की गंध आ रही है। बिरजू की माँ को अपने गौने की याद आई। उसने कपड़े की गठरी से तीन मीठी रोटियाँ निकालकर कहा, "खा ले एक-एक करके। सिमराहा के सरकारी कूप में पानी पी लेना।"

गाड़ी गाँव से बाहर होकर धान के खेतों के बगल से जाने लगी। चाँदनी, कातिक की! ··· खेतों से धान के झरते फूलों की गंध आती है। बाँस की झाड़ी में कहीं दुद्धी की लता फूली है। जंगी की पुतोहू ने एक बीड़ी सुलगाकर बिरजू की माँ की ओर बढ़ाई। बिरजू की माँ को अचानक याद आई चंपिया, सुनरी, लरेना की बीवी और

जंगी की पुतोहू, ये चारों ही तो गाँव में बैसकोप का गीत गाना जानती हैं।...खूब!

गाड़ी की लीक धनखेतों के बीच होकर गई। चारों ओर गौने की साड़ी की खसखसाहट-जैसी आवाज होती है।... बिरजू की माँ के माथे के मँगटिक्के पर चाँदनी छिटकती है।

"अच्छा, अब एक बैसकोप का गीत गा तो चंपिया!... डरती है काहे? जहाँ भूल जाओगी, बगल में मासटरनी बैठी ही है!"

दोनों पुतोहुओं ने तो नहीं, किंतु चंपिया और सुनरी ने खँखारकर गला साफ किया।

बिरजू के बाप ने बैलों को ललकारा—"चल भैया! और ज़रा जोर से!...गा रे चंपिया, नहीं तो मैं बैलों को धीरे-धीरे चलने को कहूँगा।"

जंगी की पुतोहू ने चंपिया के कान के पास घूँघट ले जाकर कुछ कहा और चंपिया ने धीमे से शुरू किया—"चंदा की चाँदनी..."

बिरजू को गोद में लेकर बैठी उसकी माँ की इच्छा हुई कि वह भी साथ-साथ गीत गाए। बिरजू की माँ ने जंगी की पुतोहू की ओर देखा, धीरे-धीरे [illegible] रही है वह भी। कितनी प्यारी पुतोहू है! गौने की साड़ी से एक खास किस्म की गंध निकलती है। ठीक ही तो कहा है उसने! बिरजू की माँ बेगम है, लाल पान की बेगम! यह तो कोई बुरी बात नहीं। हाँ, वह सचमुच लाल पान की बेगम है!

बिरजू की माँ ने अपनी नाक पर दोनों आँखों को केंद्रित करने की चेष्टा करके अपने रूप की झाँकी ली, लाल साड़ी की झिलमिल किनारी, मँगटिक्का पर चाँद।... बिरजू की माँ के मन में अब और कोई लालसा नहीं। उसे नींद आ रही है।

आजाद परिंदे

जब बग्गी-गाड़ी के कोचवान को मालूम हुआ कि पीछे पाँवदान पर कोई शैतान लौंडा लटका हुआ है, तो उसने चाबुक फटकारकर एक गाली दी पीछे की ओर—"उतर! हरामी का पिल्ला!"

हरबोलवा हँसकर उतर गया और पासवाली गली में घुसने से पहले उसने एक हवाई गाली फेंकी–"साले ! खनगिन का खसम !"

हरबोला ने यह गाली दो ही दिन पहले सीखी है। ठेलावाले भुजंगी और भाजीवाले हलमान में कजिया शुरू हुआ। भुजंगी ने हलमान को बहन की गाली दी। हलमान उसकी छाती पर चढ़ बैठा–"बोल साले, खनगिन का खसम...!"

इस गली में बहुत दिन के बाद आया है हरबोलवा। इस गली में एक स्कूल है। छोटी-छोटी लड़कियाँ पढ़ती हैं।...नहीं। स्कूल के चपरासी ने उसी दिन अच्छी तरह पहचान लिया था हरबोलवा को–"साले, तुमको पहचानते हैं। तू ही न उस दिन मेरी बकरी को पकड़कर दूह रहा था ? सब्ज़ी बाग की कसाई-गली में रहता है न साले ! यहाँ क्या करने आया है...?"

हरबोलवा ने हिम्मत बाँधकर जवाब दिया, "ए ! गाली काहे देते हैं ? हम यहाँ गली में खड़े हैं, किसी का कुछ लेते हैं ?"

"साले ! मुँह लगता है फिर ? नाक की हड्डी तोड़ दूँगा, मारे झापड़ के। साला, यहाँ नाली में 'बेबी' लोग, 'तीन-मिनट' करती है और तू देखता है ? भागो, स्साले !"

उस दिन, हरबोलवा ने अपने यार फरजन से कहा था, "ए ? 'तीन मिनट' का माने जानता है, फरजनवाँ ?"

...फरजन के मामू ने उस दिन फरजन को सजा दी थी–सुबह का नाश्ता बंद कर दिया था। हरबोलवा उसके लटके हुए मुँह को देखकर समझ गया था। यार को दिलासा देने के लिए उसने कहा था–"अरे, तेरा एक ही दिन नाश्ता बंद हुआ और इसी से तू हिम्मत हार गया ? मेरा तो कभी-कभी दिन-भर का खाना 'गोल' कर दिया जाता है। ऊपर से मार और गाली अलग।...लो, सुनो ! मैं तुमको 'तीन मिनट' का माने बतलाता हूँ।"

फरजन को दिखलाकर सामने चिपकी हुई एक विज्ञापन की तसवीर पर 'तुर्री' मारकर वह पेशाब करने लगा–"समझे 'तीन मिनट' का माने ?... हे हे हे हे !"

हरबोलवा ने देखा, स्कूल का फाटक बंद है। छुट्टी है। उसने इधर-उधर देखा और पास की नाली में–जहाँ उस दिन छौंड़िया सब...। नहीं, दरबान के डर से उसका 'तीन मिनट' नहीं उतरा।... आज जब इधर आ ही गया है तो एक चक्कर मौसी के घर का लगा लेना ठीक होगा। उसने धीरे-धीरे अपनी नई गाली पर सुर चढ़ाया–एक फिल्मी धुन–खनगिन का खसम, खनगिन का खसम, खनगिन...!

गली से बाहर निकलकर उसने देखा, उसी की उम्र के कुछ लड़के एक गधे की पूँछ में फटा कनस्तर बाँधने की कोशिश में लगे हुए हैं। मगर गधा है चालाक ! पूँछ

को इस तरह समेट लिया है कि··· ।

हरबोलवा ने अपने पॉकेट को टटोलकर देखा—हाँ, तार का 'हुक' है । उसने बिन माँगे ही मदद दी—''अजी, वैसे नहीं होगा । लो यह 'हुक'; इसको रस्सी में बाँधकर दुम में लपेट दो । फिर हुक खोंस दो ।''

और, यहीं सुदरसन से उसकी दोस्ती हो गई। गधे के पीछे तालियाँ बजा-बजाकर, कुछ दौड़कर बहुत खुश हो गया हरबोलवा का मिज़ाज । गधा भागा जा रहा है और कनस्तर ढनढना रहा है । सुदरसन ने कहा, ''ऐन मौके पर तुम आ गए भला ।··· कहाँ रहते हो? बाप क्या करता है? माँ है? भाई-बहन?''

सुदरसन ने बतलाया, उसकी सौतेली माँ है, लेकिन बहुत दुलार करती है । मगर बाप कसाई है । असल में उसका बाप ही है सौतेला! ''माने, नहीं समझे? मेरा असल बाप जब मर गया, तो इस बाप ने मेरी माँ को फुसलाकर एक दिन अपने घर बुलाया और दरवाजा बंद करके सिंदूर दे दिया माँग में—ज़बरदस्ती । माँ रोने लगी । मगर रोने से क्या है? सिंदूर दे दिया एक बार तो··· । आखिर, मेरी माँ इसी शर्त पर राजी हुई कि सुदरसन को अपने बेटे की तरह रखोगे तो मैं तेरी बीवी, नहीं तो··· ।''

''ए! सुदरसनवाँ! तेरा बाप आ रहा है, इधर ही ।''

''आने दे ।''

हरबोलवा बोला, ''मैं जाता हूँ! मुझे मौसी के घर जाना है ।''

सुदरसन ने कहा, ''ठहरो यार!''

''क्यों बे सूअर? बारह बज गए और तू सड़क पर 'खचड़इ' करता है?''

सुदरसन ने कहा, ''आज छुट्टी है दुकान में ।''

सुदरसन के 'कठबाप' ने कड़ककर कहा, ''छुट्टी है तो घर क्यों नहीं गया अभी तक?··· साले, एक दिन तेरी पीठ की चमड़ी फिर सेंकनी होगी । जा, घर जा!!''

सुदरसन का कठबाप जब मोड़ के पार चला गया तो सुदरसन ने अपने चेहरे पर हाथ फेरकर मुँह बनाया । मानो चेहरे पर लगी हुई गालियों को पोंछकर फेंक दिया । फिर बोला, ''तू कहाँ जा रहा है?''

''मौसी के घर ।''

''कहाँ रहती है तेरी मौसी?'

''पगलखनवा के पास ।''

हरबोलवा ने पूछा, ''और तुम्हारा घर किधर है? किस दुकान में काम करते हो?''

सुदरसन ने हाथ से एक ओर दिखलाते हुए कहा, ''यहीं, गली में । पीर साहेब का मजार देखा है? उसी के पास । चलो यार! देखें तुम्हारी मौसी का घर । चलो ।''

''तुम ? तुम मेरी मौसी के घर क्यों जाओगे ?''

हरबोलवा नहीं चाहता था कि सुदरसन, जिससे उसकी जान-पहचान नहीं कभी की, ऐसे लड़के को अपनी मौसी के घर ले चले । मगर, सुदरसन तो जोंक की तरह चिपक गया है ।

कारपोरेशन के सामने, पानी का बंबा बिगड़ा हुआ देखकर दोनों प्रसन्न हुए । पानी का फ़व्वारा !

''नहाएगा ?''

''और तुम ?''

सुदरसन ने पैंट खोलकर बंबे के फ़व्वारे से अपनी देह को ढँक लिया मानो । हरबोलवा किंतु आगे-पीछे की बात सोचने लगा । फिर अपने पाकेट से साबुन का एक टुकड़ा निकालकर जमीन पर फेंकते हुए बोला, ''ज़रा पाजामा साफ कर लें ।''

दोनों बहुत देर तक फव्वारे में नंगे नहाते रहे । बीच-बीच में टोंटी में उँगली डालकर पिचकारी छोड़ते ।

लेकिन मुहल्ले के लड़कों को तब तक सूचना मिल गई थी । वे एक-दूसरे को नाम लेकर पुकारते हुए दौड़े—धर-धर-धर सालों को··· !

हरबोलवा डरा । मगर सुदरसन लापरवाही से कुल्ला करता रहा ।

मुहल्ले के लड़कों का 'मेट', एक भालू जैसा लड़का, आगे बढ़कर बोला, ''कहाँ रहता है बे ? यहाँ लँगटा होकर नहाने आया है, खचड़े ?''

हरबोलवा ने अपने अधसूखे पाजामे को ही जल्दी-जल्दी पहन लिया । सुदरसन हँसा । और सुदरसन की हँसी ठीक जगह पर जाकर लगी । मेट ने अपनी टोली को सावधान किया—''यह साला बड़ा चालू मालूम होता है । होशियार रहना !''

सुदरसन ने कहा, ''तुम्हारा नाम डफाली है न ?''

आश्चर्य ! सुदरसन के मुँह से अपना नाम सुनकर डफाली के सिर के 'कदमकुट्टी बाल' खड़े हो गए । उसकी आँखें गोल हो गईं । बोला, ''तुम··· तुम कहाँ रहते हो ? तुम कौन··· तुमने मेरा नाम कैसे जाना ?''

सुदरसन बोला, ''तुम्हारी माँ तुमको साथ लेकर एक दिन हकीम साहेब के दवाखाने में गई थी न ?''

डफाली का मुँह खुल गया । वह बोला, ''हाँ !''

सुदरसन हँसता रहा, पूर्ववत । डफाली ने अपनी टोली के सदस्यों से कहा, ''अरे, यह जान-पहचान का है रे !''

डफाली अपनी टोली के साथ गली में गायब हो गया । तब सुदरसन बोला, ''जानते हो, इतना बड़ा हो गया है और बिछावन में पेशाब करता है ?''

हरबोलवा भी हँसने लगा, ''इसीलिए भागा ससुर।''

किंतु आज हरबोलवा की मौसी उसको देखकर ज़रा भी खुश नहीं हुई। सुदरसन को देख बोली, ''और ई कौन है ?··· दिदिया तुमको पीटती है, सो ठीक ही करती है। दुनिया-भर के लुच्चे-लफंगों के साथ इधर-उधर मटरगस्ती करता फिरेगा तो एक दिन जेल जाएगा। जा, घर जा!''

हरबोलवा की समझ में नहीं आया कुछ। आज मौसी इस तरह अचानक बिगड़ क्यों गई ?

सुदरसन ने रास्ते में पूछा, ''यार, वह झोंपड़ी के अंदर कौन बैठा था ? वही तुम्हारा मौसा है ?''

''मौसा ? नहीं तो। मौसा तो बरौनी में रहते हैं।''

''तब वह लाल कमीजवाला कौन था ?''

''किधर ?''

''अरे, मैंने झाँककर देखा था। इसीलिए तुम्हारी मौसी धड़फड़ाकर झोंपड़ी से बाहर आई थी और तुमको डाँटने लगी थी।''

''ओ!''

हरबोलवा चुप रहा। सुदरसन बोला, ''एक बात कहूँ, बुरा तो नहीं मानेगा ?··· तेरी मौसी छिनाल है।''

''धेत्त!''

''धेत्त क्या ?···मैंने झाँककर देखा तो···।''

सुदरसन की हँसी पर हरबोलवा का चेहरा ठीक डफाली की तरह हो गया। मानो वह भी बिछावन में पेशाब करता हो! और यह बात सुदरसन को मालूम हो गई।

लौटती बार कारपोरेशन के सामनेवाले बंबे के पास कुछ देर तक रुके रहे।

हरबोलवा ने पूछा, ''तुम किस चीज की दुकान में काम करते हो ?''

''दफ्तरी की दुकान में।··· साला, सड़ी हुई बासी लेई की गंध के मारे तुम्हारा दिमाग फट जाएगा!··· करेगा काम ?''

''कितना मिलता है ?''

''मोट पंद्रह रुपए।''

''बस ?''

''तो कागज पर लेई लगाने का और कितना मिलेगा—एक सौ ? बोल, काम करेगा ?''

मखनियाँ कुआँ के नुक्कड़ पर कुछ हो गया है। दोनों ने दुलकी चाल पकड़ी।

लेकिन जब वे पहुँचे, खेल खत्म हो चुका था। स्कूटर-रिक्शा एक्सिडेंट में दो आदमी घायल हुए थे और दोनों अस्पताल जा चुके थे! दोनों को पछतावा हुआ।

हरबोलवा ने उलटकर देखा, सुदरसन एक बीड़ी की दुकान पर रुक गया है। बीड़ी सुलगाकर वह तेजी से हरबोलवा के पास आया—''बीड़ी पीएगा?''

''बीड़ी नहीं पीता।''

हरबोलवा जब अपने मुहल्ले की ओर जाने लगा तो सुदरसन का दिल अचानक बुझ गया। उसने हरबोलवा को पुकारा, ''ए! सुनो!''

हरबोलवा रुका—''क्या है?''

सुदरसन बोला, ''तुम्हारे घर चलूँ तुम्हारे साथ?''

''नहीं। बेकार मेरी माँ तुमको भी गाली देगी।''

''तू काम करेगा?''

''बाबू से पूछूँगा? ··· मुझे देरी हो रही है, चलता हूँ।''

''ठहरो ज़रा, यार! ··· सच! लगता है तुमसे बहुत दिनों की जान-पहचान है।''

हरबोलवा हँसा। ··· शायद, उसकी हँसी ने सुदरसन को मोह लिया है। उसने पूछा, ''तुम लकड़ी के कोयले से मंजन करते हो?''

''हाँ।''

''मैं भी करूँगा।''

हरबोलवा चलने लगा तो सुदरसन ने उसके दोनों हाथों को पकड़कर हँसते हुए कहा, ''कहा-सुना माफ करना, भाई!''

सुदरसन की आँखों में न जाने क्या दीखा कि हठात हरबोलवा का दिल उमड़ आया। वह रुक गया। उसने उदास सुदरसन से पूछा, ''क्या हुआ?''

''साला आज बहुत मार पड़ेगी।''

''तुझे?''

''साला, जब तक मूँछ नहीं जमेगी, तब तक बालिग नहीं हो सकते और जब तक नाबालिग रहोगे, इसी तरह रोज लत्तम-जुत्तम! साला घर जाने का जी नहीं करता। ···कहीं भाग चलने का मन करता है।''

बाकरगंज मसजिद के पास दोनों बहुत देर तक उदास खड़े रहे—नीम की छाया में।

''जब तक बालिग नहीं हो जाते रोज लत्तम-जुत्तम सहना होगा। साला! ···सुनो, एक काम करेगा? सलीमा में 'टनटन भाजा' बेचेगा?''

''सलीमा में टनटन भाजा?''

सुदरसन ने बतलाया—'लौन-सलीमा' के पास एक टनटन भाजा कंपनी है।

उसमें उसके कई दोस्त काम करते हैं। खूब मौज का काम है, यार! मगर जमानतदार ही नहीं मिलता कोई। और, बाप साला काहे चाहेगा कि उसका बेटा टनटन भाजा बेचकर पैसा जमा करे?

सुदरसन ने बतलाया, ''बीस रुपए महीना! एकदम आजादी का काम और फोकट में सलीमा देखो, सो ऊपर से।''

सुदरसन ने अपने बाप से कहा था। मगर सुदरसन के बाप ने कहा, ''टनटन भाजा कंपनी का मालिक एक सौ रुपए पेशगी देगा? दफ्तरी ने दो सौ रुपया एडवांस दिया है।''

सुदरसन ने हरबोलवा के कंधे पर हाथ रखकर बहुत प्यार-भरे सुर में पूछा, ''बोल ना यार, टनटन भाजा कंपनी में काम करेगा?''

''मगर जमानतदार?''

''उसका इंतजाम हो जाएगा।''

''कहाँ?''

''हमारे मुहल्ले में एक अमजद मिस्तरी है। मगर भारी खचड़ा है।'' सुदरसन ने थूक फेंकते हुए कहा, ''यार, एक बार कोई जमानतदार हो जाए। एक बार टनटन भाजा कंपनी की नौकरी मिल जाए, फिर कौन बाप ले जाता है पकड़कर घर और कौन साला मारता है?... मगर अमजद मिस्तरी साला भारी खचड़ा है।''

''खचड़ा है तो जमानत कैसे...?''

सुदरसन हँसा—''खचड़ा है इसीलिए तो जमानतदार होगा।''

बाकरगंज मुहल्ले के पास ही कहीं शादी के ढोल बजने लगे। दोनों ने एक लंबी साँस ली।

हरबोलवा ने कहा, ''इस साल खूब लगन हैं। तुम्हारे मुहल्ले में कोई शादी नहीं? हमारी गली में एक ही रात में पाँच...।''

सुदरसन हँसा—''मारो यार गोली! शादी! जब तक मूँछ-दाढ़ी नहीं उगता साला, नाबालिग ही रहेंगे हम लोग।... चलो, अमजद मिस्तरी के घर चलें।''

हरबोलवा को हठात लगा, सुदरसन ही उसका सबकुछ है। सुदरसन के सिवा इस दुनिया में अपना कोई नहीं। उसका दुख समझनेवाला यह सुदरसन...।

सुदरसन के हाथों को हरबोलवा ने पकड़ लिया—''मुझे डर लगता है लेकिन...।''

''काहे का डर?''

''बाप...।''

''अरे, एक बार कंपनी में घुसने तो दे, तब देखना है बापों को।... ए, देख

इधर··· इसमें तेल लगावेगा आकर तुम्हारा और हमारा बाप-माँ, मौसा-मौसी—सब। समझे?"

हरबोलवा ने हँसकर सुदरसन के गले में हाथ डाल दिया—"तो मिल जाएगी नौकरी?"

"अमजद मिस्तरी को तेल लगाना होगा।"

"लगाएँगे! कंपनी की नौकरी के लिए जो करना होगा करेंगे। अब लौटकर घर नहीं जाना है।··· थूक है घर को!"

"पक्का?"

"पक्का!"

जड़ाऊ मुखड़ा

बटुक बाबू ने मन-ही-मन तय कर लिया—ऑपरेशन करवाना ही होगा। और, इसी जाड़े में।

बटुक बाबू पिछले एक सप्ताह से मानसिक अशांति भोग रहे थे, चुपचाप! जब-जब उनकी इकलौती बेटी बुला सामने आती, बटुक बाबू का चेहरा उतर जाता। बुला की ओर आँखें उठाकर देख नहीं सकते। उनकी ऐसी गंभीर और उदास मुद्रा को देखकर बुला डर से कुछ नहीं बोलती। बाप्प के जी के बारे में माँ से भी कुछ पूछने की हिम्मत नहीं होती।

पत्नी ने कई बार पूछा तो कोई खुलासा जवाब नहीं दे सके बटुक बाबू।

कल रात बुला अपनी माँ के साथ मच्छरदानी के अंदर सो रही थी। बटुक बाबू धीरे से उठे। हाथ में छोटा टॉर्च लिया। फिर कुछ सोचकर रख दिया। टेबिल-लैंप का स्विच दबाया। दबे पाँव पलँग के पास गए और सोई हुई बुला के चेहरे को गौर से देखने लगे; कुछ देखकर सिहर पड़े। पत्नी शायद सबकुछ देख रही थी। धीमी आवाज में बोली, "यह क्या?"

बटुक बाबू हड़बड़ाकर उठे। इशारे से कुछ कहा और टेबिल-लैंप ऑफ करके बैठक में गए। इशारा समझकर पत्नी उनके पीछे-पीछे गई।

बटुक बाबू ने हाथ के इशारे से ही पत्नी को अपने पास बैठने को कहा। पत्नी धीरे से सोने के कमरे का दरवाज़ा बंद कर आई। बटुक बाबू ने फुसफुसाकर कहा, "बुला के चेहरे पर··· 'मस्से' पर एक रोयाँ उग आया है। तुमने देखा है?"

पत्नी ने लंबी साँस ली। जी हल्का हुआ। बोली, "हाँ! देखा है।··· तो क्या हुआ?"

"तो क्या हुआ?" ब्रटुक बाबू को अचरज हुआ। माँ होकर भी इन बातों की ओर ध्यान नहीं देती। बोले, "मैं आज ही नकुल को चिट्ठी लिख देता हूँ। इसी छुट्टी में पटना चलकर ऑपरेशन···।"

'ऑपरेशन' का नाम सुनकर पत्नी सिहर पड़ी—"हुँहुँ···!"

"क्या, हुँहुँ?"

"ऑपरेशन-उपरेशन करके कहीं और भी चेहरा खराब···।"

'प्लास्टिक-सर्जरी के जमाने में भी तुम ऐसी बातें करती हो?"

पिछले सोलह साल से जब-जब बटुक बाबू ने ऑपरेशन करवाने का प्रस्ताव किया, पत्नी ने समर्थन नहीं किया। और राई-भर का 'मस्सा' बढ़ते-बढ़ते अब गोल मिर्च के बराबर हो गया है; उसमें एक केश भी उग आया है।··· अब भी कहती है कि ऑपरेशन नहीं!

बटुक बाबू ने नाक सिकोड़कर कहा, "कितना भद्दा लगता है यह रोयाँ!···तितली के सूँड की तरह।···परमसुंदर चेहरे पर यह गोल मिर्च जैसा मस्सा और उसमें···छिः छिः!"

पत्नी को ऑपरेशन के बदले अपने बड़े भैया की बात याद आई—तुम लोग इत्मीनान से बैठे हो, क्यों? लड़की बड़ी हो रही है। 'भोलेनाथ' (अर्थात बटुक बाबू) से कहो, 'सुपात्र' पर नजर रखें।

पत्नी ने पूछा—"भगवानपुर से फिर कोई चिट्ठी नहीं आई?"

बटुक बाबू नाराज हो गए—"भगवानपुर से क्या चिट्ठी आएगी?···दुनिया में सुंदर लड़कियों की कमी है जो तुम्हारी··· ऐसी लड़की को वे पसंद करेंगे, जिसके गाल पर गोल मिर्च जैसा···"

पत्नी हँस पड़ी। बटुक बाबू चिढ़ गए—"तुम हँसती हो?"

"तो अभी इतनी रात में रोकर क्या होगा?"

"मुझे नींद नहीं आएगी।"

पत्नी समझ गई, बात हँसी में टलनेवाली नहीं। अतः वह भी गंभीर हो गई। दोनों बहुत देर तक विचार-विमर्श करते रहे। बात तय हो गई—इसी छुट्टी में यानी पंद्रह दिन के अंदर ही चलकर ऑपरेशन करवा दिया जाए!

दूसरे दिन से बटुक बाबू से ज्यादा परेशान उनकी पत्नी दीखने लगी। वह जब-जब बुला के चेहरे को गौर से देखती, बुला अवाक् हो जाती। उसके गाल पर जड़े हुए काले मस्से का रोयाँ थर-थर काँपने लगता। बुला की माँ को लगता, तितली का सूँड बढ़ता आ रहा है··· आ रहा है! वह सिहर उठती।

पटना से बटुक बाबू के छोटे भाई प्रोफेसर नकुल बाबू की चिट्ठी आई और पति-पत्नी ने पटना चलने का प्रोग्राम बना लिया। पास-पड़ोस के लोग जान गए। लेकिन ऑपरेशन करवाने की बात उन्होंने किसी से नहीं बताई।··· क्या जरूरत!

सत्रह साल पहले बुला का जन्म हुआ। उसके बाद फिर कोई संतान नहीं हुई। बटुक बाबू के छोटे भाई प्रोफेसर नकुल ने कई बार अपने भाई और भाभी को समझाकर कहा—''मामूली ऑपरेशन डी.एन.सी. करवा लेने से ही फिर···।''

किंतु वे कभी तैयार नहीं हुए। हँसकर उड़ा देते—''क्या जरूरत है?··· बुला ही हमारी बेटी, बुला ही बेटा!''

बुला पिछले साल स्थानीय कॉलेज में दाखिल हुई है। विज्ञान पढ़ती है। बटुक बाबू को जीवन में अब तक कभी सिर-दर्द भी नहीं हुआ। मौसमी सर्दी-बुखार के अलावा पत्नी भी बीमार नहीं पड़ी। इसलिए बुला का स्वास्थ्य भी सुंदर है। मुफ़स्सिल के कस्बे में जन्मी और पली बुला अपने कॉलेज की 'क़बड्डी-टीम' की कैप्टन है।

बटुक बाबू इतिहास के शिक्षक हैं। किंतु स्वभाव से पूरे दर्शनशास्त्र-विभाग के व्यक्ति हैं। इसीलिए कभी-कभी गृहिणी से मनमुटाव भी हो जाता है।··· पाँच साल पहले, इसी तरह बुला को लेकर उन्होंने एक 'समस्या' खड़ी कर ली थी—अपने दिमाग में। अपनी स्त्री से बार-बार कहते—''माँ होकर भी तुम इन बातों की ओर ध्यान नहीं देतीं!··· वह डर के मारे सूखकर काँटा हो गई है। समझती है, कोई रोग हो गया है।··· उसको सिखाना होगा··· सेनिटरी-टॉवेल और स्पंज का इस्तेमाल कैसे··· तुम माँ होकर भी इन बातों पर···।''

बटुक बाबू को साहित्य और संगीत में तनिक भी रुचि नहीं। उपन्यास और कहानियों से उतना ही चिढ़ते हैं जितना सिनेमा और थियेटर से। इसलिए चाहते थे कि उनकी पत्नी और पुत्री न कभी उपन्यास-कहानी पढ़ें और न सिनेमा-थियेटर देखें। किंतु पत्नी महीने में दो-तीन बार सिनेमा देख आती है। बुला उपन्यास-कहानी पढ़े बिना रह नहीं सकती। बाप से तर्क करने लगी—''बाबा! तुम सभी को एक ही लाठी से हाँकते हो···।'' अंत में मालूम हुआ कि बटुक बाबू उपन्यास-कहानी के विरुद्ध नहीं, 'प्रेम-विवाह' यानी 'लव मैरेज' के खिलाफ हैं···।

बुला हँसते-हँसते लोट-पोट हो गई थी।

बुला कभी पटना नहीं गई। लेकिन काकी और चचेरे भाई-बहनों के मुँह से बहुत बार पटना के मुहल्ले और सड़कों के बारे में सुन चुकी है। ... बाँकीपुर स्टेशन पर पहुँचकर उसे लगा—यहाँ वह पहले भी आ चुकी है।

पटना आकर बुला को मालूम हुआ कि सैर-सपाटे के लिए नहीं, उसके 'मस्से' के ऑपरेशन के लिए पटना आना हुआ है। चचेरी बहन मीरा ने बताया।

बुला काकी के ड्रेसिंग-टेबिल के आईने में अपने गाल पर जड़े मस्से को देखती रहती है। ...सभी उसके चेहरे की ओर देखते हैं। चेहरे को नहीं, मस्से को। मस्से में उगे हुए 'लोम' को। उसकी अपनी ही आँखें हमेशा अपने गाल पर केंद्रित रहने लगीं।

प्रोफेसर नकुल ने प्लास्टिक-सर्जन डॉक्टर चोपड़ा से बातें कर ली थीं। इसलिए दूसरे ही दिन से सिलसिला शुरू हुआ। डॉक्टर चोपड़ा आए। मस्से को देखा। उँगली से छूकर देखा। अपने सहायक युवक डॉक्टर को कुछ नोट करवाया और चले गए।

बटुक बाबू और उनकी पत्नी ने डॉक्टर चोपड़ा के सहायक युवक से एक ही साथ पूछा—"आप कंपाउंडर हैं? ... स्टूडेंट?"

जवाब दिया हँसकर नकुल बाबू की बड़ी बेटी मीरा ने, "कंपाउंडर-स्टूडेंट नहीं। डॉक्टर उमेश हैं। 'स्टेट्स' से आए हैं।"

"किस 'स्टेट' से?" बटुक बाबू ने पूछा। फिर तुरंत समझकर बोले, "ओ! स्टेट्स... माने...अमेरिका से!"

डॉक्टर उमेश बोले, "खून की जाँच...।"

"खून की जाँच?" बटुक बाबू अचरज में पड़े, "छोटे-से मस्से के ऑपरेशन के लिए भी खून की जाँच?"

पत्नी बोली, "मस्सा कोई रोग तो नहीं।"

डॉक्टर ने बताया, "एक ही किस्म की परीक्षा नहीं। आज डब्ल्यू. आर. के लिए खून देना होगा। कल आकर एस.आर. और टोटल डेफरेंसियल।"

बटुक बाबू ने पूछा, "यह डब्ल्यू.आर. क्या है?"

"वाशरमैंस रिएक्शन।"

पत्नी बोली, "इसमें धोबी की क्या बात...?"

डॉक्टर ने समझाया, "खून में गरमी-सिफ़लिस वगैरह के बीजाणु हैं या नहीं...?"

डॉक्टर उमेश अपनी बात पूरी नहीं कर सके। बटुक बाबू ने घोर प्रतिवाद के स्वर में कहा, "आप कैसी बात करते हैं! सिफ़लिस-गरमी?"

डॉक्टर उमेश ने बताया कि बेकार बहस करने को उनके पास समय नहीं। बिना इस 'जाँच' के कोई ऑपरेशन नहीं हो सकता।

किंतु बात सुलझने के बदले उलझती गई। बटुक बाबू को लगा, डॉक्टर उमेश ने उनके पूर्व-पुरखों को ही नहीं, उनकी पत्नी के दादे-परदादे तक को भद्दी गालियाँ दे दी हैं।...ज़रा भी 'शील-स्वभाव' नहीं। मुँह में जो आया बोलता गया।

डॉक्टर उमेश ने बताया कि देर करने से पैथोलॉजी डिपार्टमेंट बंद हो जाएगा। फिर आज खून नहीं लिया जा सकेगा। बटुक बाबू अपनी स्त्री और पुत्री के साथ डॉक्टर उमेश की गाड़ी में जा बैठे। रास्ते-भर वह मन-ही-मन कटते रहे। और जब मेडिकल-कॉलेज के पैथोलॉजी डिपार्टमेंट में पहुँचे तो उनको लगा, उनकी देह में दुनिया-भर के बुरे-छुतैले रोगों के कीटाणु कुलबुला रहे हैं। बेंचों पर बैठे हुए और बरामदे में आसपास खड़े लोगों से अपनी देह बचाकर वे एक किनारे नाक पर रूमाल डालकर खड़े रहे। पत्नी को मिचली आने लगी। किंतु डॉक्टर ने जब बुला का नाम लेकर पुकारा, तो वह निडर होकर आगे बढ़ गई। बटुक बाबू और उनकी पत्नी को डॉक्टर ने अंदर नहीं जाने दिया—"ओनली पेशेंट...!"

डॉक्टर उमेश ने पूछा, "डर तो नहीं लगता?"

बुला बोली, "जी नहीं।"

सुई डॉक्टर उमेश ने नहीं, दूसरे डॉक्टर ने गड़ाई। बहुत देर तक उन्हें नस ही नहीं मिली। थोड़ा रक्तपात हुआ। डॉक्टर उमेश पास खड़े थे और बुला को भरोसा दे रहे थे।

बुला डॉक्टर उमेश के साथ बाहर निकली। उन्होंने देखा, सीढ़ियों के नीचे बटुक बाबू सिर थामकर बैठे हैं और पत्नी अखबार से उनके सिर पर हवा कर रही है।... बटुक बाबू ने खिड़की से झाँककर देखा था—बुला के 'लहू-लुहान' बाँह से टप-टप कर चूता हुआ खून। बस, चक्कर आ गया।

डॉक्टर उमेश ने बताया कि एस.आर. के लिए अब यहाँ आने की जरूरत नहीं होगी। घर पर ही खून ले लिया जाएगा। रास्ते में बटुक बाबू के मुँह से एक बार फिर निकला, "एक छोटे-से मस्से को काटने के लिए इतना हंगामा!"

डॉक्टर ने कहा, "फर्ज कीजिए, मस्सा काटने के बाद खून बंद नहीं हो, तब?"

"ऐसा भी होता है?" बटुक बाबू की आँखें ग़ोल हो गईं।

"हाँ। इसीलिए इतनी परीक्षा और जाँच।"

बुला की माँ ने पूछा, "तब तो मामूली नहीं, खतरनाक ऑपरेशन है यह?"

"है तो मामूली ही, लेकिन खतरा तो है। फर्ज कीजिए, घाव बिगड़ जाए ना 'ग्राफ्टिग' करना होगा...।"

"ग्राफ्टिग क्या?"

"जिंदा चमड़ी की चिप्पी।"

"जिंदा चमड़ी?"

"हाँ, हिप यानी चूतड़ यानी पुट्ठे की चमड़ी तराशकर...।"

"किसकी? किसके पुट्ठे की?"

"रोगी के।"

इस बार ऐसा लगा कि पति-पत्नी दोनों एक ही साथ बेहोश हो जाएँगे। लेकिन बुला चुपचाप बैठी मुसकराती रही।

डेरे पर पहुँचकर बटुक बाबू ने नकुल बाबू से सारा किस्सा बताया। नकुल बाबू हँसे। बोले, "भैया, आप लोग नाहक क्यों परेशान होते है! कल से जहाँ कहीं भी जाना होगा, बुला के साथ मीरा जाएगी।"

डॉक्टर उमेश सुबह आकर बुला का खून ले गए और बुला को दस बजे डॉक्टर चोपड़ा के क्लिनिक में बुलाया।

बुला के साथ मीरा गई।

बटुक बाबू ने अपनी स्त्री से कहा, "लगता है, मामूली ऑपरेशन नहीं, लेकिन कोई चारा भी नहीं।"

पत्नी को अब भी मिचली आ रही है। इशारे से बोली, "अब भगवान जो करें!"

बुला और मीरा दो घंटे के बाद लौटीं। पति-पत्नी 'धड़फड़ा' कर उठे। मानो, खोई हुई लड़की मिल गई।

डॉक्टर उमेश साँझ को बुरी खबर ले आए—"डब्ल्यू.आर. के लिए फिर खून देना होगा।... संदेहजनक है।"

सुबह बुला-मीरा फिर गईं। और चार घंटे के बाद लौटीं। मीरा बोली, "हम लोग अस्पताल के मैदान में लगी प्रदर्शनी देख आए। डॉक्टर उमेश का पाँच रुपया खर्चा करवा दिया...'क्वालिटी' की आइसक्रीम...।"

बटुक बाबू ने पूछा, "अब तो खून नहीं देना होगा?"

बटुक बाबू को रह-रहकर डॉक्टर उमेश की बातें याद आती हैं—"फर्ज कीजिए, खून बंद नहीं हो।...ग्राफ्टिग, चूतड़ की जिंदा चमड़ी तराशकर...।

तीन-चार दिन तक यही सिलसिला रहा। बुला और मीरा रिक्शा में बैठकर क्लिनिक जातीं। बटुक बाबू अपनी पत्नी के साथ लक्ष्मीनारायण मंदिर, कालीबाड़ी

और पटनदेवी के मंदिर की ओर जाते।

सातवें दिन नकुल बाबू ने संवाद दिया, "डॉक्टर उमेश कह रहे थे कि ऑपरेशन नहीं हो सकेगा।"

"क्यों ?" पति-पत्नी ने एक ही साथ पूछा।

नकुल बाबू मुस्कराकर बोले, "पता नहीं क्यों ? क्यों मीरा, क्या बात है ? बात क्या है ? बुला कहाँ है ?"

मीरा हँसती हुई और बुला तनिक लजाती हुई आई।

नकुल बाबू ने पूछा, "क्या बात हुई, मीरा ? डॉक्टर उमेश क्या कह रहे थे ?"

"दीदी से पूछ रहे थे कि मस्से को क्यों कटवाना चाहती है ?"

बटुक बाबू बोले, "यह डॉक्टर उमेश थोड़ा पागल है...।"

नकुल बाबू ने कहा, "भैया ! डॉक्टर उमेश पर पटना मेडिकल कॉलेज को गर्व है... गौरव हैं डॉक्टर उमेश !"

मीरा कहती गई, "दीदी बोली कि माँ और बाबू जी चाहते हैं। तब डॉक्टर साहब ने कहा—वे क्यों कटवाना चाहते हैं ? मस्सा तो आपके चेहरे पर है ; आप नहीं चाहें तो...। दीदी कुछ नहीं बोली। तब डॉक्टर साहब ने पूछा—आपको बुरा लगता है यह मस्सा ? दीदी कुछ भी नहीं बोली। तो डॉक्टर साहब बोले—इसको काटने के बाद आपका चेहरा बदसूरत भी हो जा सकता है, किसी की नजर में। फिर बोले कि जैसे यह आपके गले में जो जड़ाऊ हार है, इसका पत्थर निकाल दिया जाए तो कैसा लगेगा ?"

बटुक बाबू का चेहरा लाल हो गया—"नकुल, यह डॉक्टर तुम्हारे पटना मेडिकल कॉलेज का गौरव हो या जो कुछ भी हो, मगर यह आदमी अच्छा नहीं। इतनी और ऐसी-ऐसी बातें पूछने की क्या जरूरत ?"

नकुल बाबू की स्त्री ने बटुक बाबू की पत्नी को हँसकर अंदर बुलाया—"दीदी ! ज़रा अंदर आइए..."

मीरा बोली, "डॉक्टर उमेश की माँ आई हैं।"

बटुक बाबू की समझ में कोई बात नहीं आई।

अंदर न जाने क्या हुआ कि मीरा की बंगालिन सहेलियों ने मिलकर शंख फूँकना शुरू किया। एक साथ कई शंख बज उठे।

नकुल बाबू का अष्टवर्षीय पुत्र गोपाल दौड़ता हुआ आया—"बुला दीदी को डॉक्टर उमेश की माँ ने गोदी में बैठाकर चुम्मा ले लिया...।"

एकसाथ कई शंख बज रहे थे। नकुल बाबू हँस-हँसकर अपने बड़े भाई बटुक बाबू को समझा रहे थे। और बटुक एकदम नहीं समझ पा रहे थे कि डॉक्टर उमेश के नहीं चाहने पर ऑपरेशन क्यों नहीं होगा !

जैव

निर्मल ने–मंद-मंद मुस्कराती, कमरे में प्रवेश करती हुई–विभावती से पूछा–''क्यों, क्या बात है ?''

विभावती हँसती हुई बोली–''बात क्या होगी ? बात जो होनी थी सो हो गई।''

विभा ने स्वामी के हाथ में आज की डाक से आई हुई चिट्ठी दी। निर्मल ने पढ़ना शुरू किया–''पूज्यनीया भाभी, ⋯ आगे समाचार यह कि पिछले सप्ताह से ही सुबह उठकर उल्टी-मतली ⋯ लेकिन, मेरी सास जी बहुत खुश हैं ⋯।''

पत्र में ननद ने 'भौजाई' को विस्तारपूर्वक यानी खोलकर सबकुछ लिखा है। किंतु निर्मल इससे आगे कुछ नहीं पढ़ सका।

''जो बात होनी थी सो हो गई न ? मैं जानती थी। चाहे पचास रुपए की किताब दीजिए 'प्रमोपहार' या सौ रुपए की–जो बात होनी थी सो हो गई।''–विभा हँस कर बोली।

निर्मल चिढ़ गया–''बेमौके की ऐसी हँसी सुनकर मेरी देह जल जाती है।''

विभावती समझ जाती है, पति अभी बहुत चिढ़े हुए हैं। वह कमरे से बाहर चली गई, हँसती-मुस्कराती।

निर्मल के सिर पर मानो वज्र गिर पड़ा है। उसका माथा चकरा रहा है। कान के पास झींगुर बोलने लगे हैं। ⋯ शारदा गर्भवती माने प्रेगनेंट हो गई ? उसकी एकमात्र छोटी बहन, सोलह साल की शारदा–बिना माँ-बाप की–'कोरपच्छू' लड़की। निर्मल से ग्यारह साल छोटी शारदा ! निर्मल की माँ ने आँख मूँदने के पहले विभावती से कहा था–बहू ! अब तू ही इसकी माँ ⋯ पिता ने मरते समय निर्मल ने कहा था–''बेटा ! बस, एक दायित्व तुम्हारे सिर पर दे जाता हूँ। शारदा को 'सुपात्र' के हाथ में देना।'' ⋯ इतना खर्च-वर्च सब बेकार ? यह तो पूरा 'कुपात्र' निकला। और, इसी 'कुपात्र' के फेर में पड़कर उसने अपनी दुलारी बहन की शादी कच्ची उम्र में ही कर दी ⋯ अंग्रेजी तथा हिंदी में उपलब्ध–दांपत्य-जीवन को सुखमय बनानेवाली प्रसिद्ध किताबों का एक सेट उसने विशेष रूप से भेंट किया था, शारदा के पति प्रोफेसर राय को। ⋯

निर्मल ने हिसाब लगाकर देखा ⋯ तो, इसका अर्थ हुआ कि सुहागरात में ही ⋯ ? शारदा की शादी हुए तीन ही महीने हुए हैं। अभी 'प्रिंस होटल' का बिल भुगतान देना बाकी ही है। और ⋯ और ⋯ ?

पड़ोस के फ्लैट की बूढ़ी मौसी आई है। शारदा को बहुत प्यार करती थी, बूढ़ी मौसी। विभावती ने मौसी को भी शुभ संवाद सुना दिया—''हाँ, तीन महीने...''

''विभा!''—निर्मल ने उच्च स्वर में ही पुकारा। प्रसन्नता से बूढ़ी मौसी के चेहरे की झुर्रियाँ खिल पड़ीं।

''कर दिया न ब्राडकास्ट? तुम लोगों के पेट में कोई बात तो पचे...।''

इस बार विभा ने जवाब दिया—''तुम तो चिढ़कर बेकार भुर्ता हुए जा रहे हो।''

''बेकार माने?... शर्म की बात है। इस कच्ची उम्र में... मुश्किल है... शारदा मर गई समझ लो।''

''क्यों 'कुलच्छन' की बोली बोलते हो? माथा गर्म करने से कुछ नहीं होगा। आज ही अस्पताल में 'साइड-रूम' के लिए दर्खास्त दे दो।''

विभा रसोईघर में चली गई।

निर्मल सोचने लगा—सच ही तो! माथा गर्म करने से क्या होगा। आज ही अस्पताल में 'साइड-रूम' के लिए दर्खास्त दे देना ठीक होगा। प्रोफेसर सुकुमार राय! फर्स्ट क्लास फर्स्ट... गोल्ड मेडलिस्ट हैं। कुपात्र कहीं का!... आजकल के नौजवानों में यही ऐब—डिग्री से लदे हुए गधे!... लेकिन, हिसाब से तो...? सुहागरात में ही 'कंसीव' किया होगा, शारदा ने। क्योंकि, उसके बाद 'मेहमान' भागलपुर चला गया था। दो महीने के बाद आकर शारदा को ले गया है। और एक महीने के बाद यह पत्र...?

दोपहर को भोजन 'रुचा' नहीं, तो विभा ने मुँह फुला दिया—''इस तरह खाना-पीना छोड़ने से क्या होगा?''

''विभा! मैं प्रार्थना करता हूँ... मुझे शांतिपूर्वक इस समस्या पर कुछ सोचने भी दोगी?''

''पूछती हूँ, यह भी कोई समस्या है?''

''तुम भी बूढ़ी मौसी के सुर में सर मिलाकर ऐसी बातें करोगी, इसकी मुझे उम्मीद नहीं थी।''

''तो क्या करूँ? सिर पकड़कर रोऊँ?''

''विभा...'' निर्मल की आँखें डबडबा आईं—''शारदा मर जाएगी। ज़रूर मर जाएगी।''

''तुम्हारे कहने से मरेगी? कुछ नहीं होगा। तुम्हारी दुलारी बहन शारदा को एक गोलमटोल सुंदर मुन्ना के सिवा और कुछ नहीं होगा।''

''वह इतनी दुबली है सो...।''

''सो जानेगी डॉ. मिस जोजेफ और जानेंगे स्त्री-रोग के पुरुष विशेषज्ञ डॉक्टर

शर्मा ।"

डॉक्टर शर्मा का नाम सुनते ही निर्मल को काम की बात सूझी—क्यों न डॉक्टर शर्मा को फोन करके सलाह ले? उसने डिरेक्टरी में डॉक्टर शर्मा का नंबर खोज निकाला और डिरेक्टरी के मुखपृष्ठ पर लिखने के बाद उसने डायल पर नंबर मिलाया। चोंगा रखकर, फिर डायल किया। बहुत देर तक उधर घंटी बजती रही। फिर, किसी आदमी ने चिढ़ी आवाज में पूछा—"हैलो?"

"एँ? डॉक्टर शर्मा हैं? नहीं हैं? अस्पताल में? देखिए साहब, इस तरह झल्लाइए मत। आप कौन हैं? तुम डॉक्टर साहब के ड्राइवर होकर ऐसी बातें करोगे हैलो?"

उस छोर पर चोंगा रख दिया गया। इसके बाद जब अस्पताल का नंबर लगाया, तो 'टूँ-ऊँ-ग, टूँ-ऊँ-ग ।'

निर्मल के कमरे से बहुत देर तक टेलीफोन डायल करने की आवाज आती रही—क्रिर, क्रिर, क्रिर!!

फिर मन कड़वा हो गया निर्मल का।

विभा आई और पास बैठकर गंभीरतापूर्वक बातें करने लगी—"देखो! तुम क्या सलाह लेना चाहते हो डॉक्टर से? यही न कि कम-उम्र की कमजोर लड़की ।"

"विभा! तुम फिर छेड़ने आईं । निर्मल कहते-कहते रुक गया। उसने अपनी पत्नी के चेहरे पर सहानुभूति की रेखाएँ देखीं। उसे, विभा का इस तरह गंभीर हो जाना अच्छा लगा।

दोपहर के भोजन के बाद विभा रोज एक बीड़ा पान खाती है। पान मुँह में रखकर जब वह बोलने लगती है, तो निर्मल उसके क्रमशः लाल होते हुए ओंठों को देखता रहता है। विभा बोली—"तुम सुकुमार को एक चिट्ठी लिख दो और अगले महीने ही जाकर शारदा को लिवा लाओ।"

"तुम ठीक कहती हो। मैं भी यही सोच रहा था।"

विभा अब मुस्कुराई। निर्मल बोला—"जानवर है। क्या कहा जाए इस सुकुमार को?"

विभा ने बात पूरी की—"किसको कहा जाए? न बहन शारदा को धैर्य और न बहनोई सुकुमार साहब को संतोष ।"

"अब मार खाएगी, विभा।

विभा हँसती हुए लेट गई पति के बगल में और अपनी उँगलियों पर जोड़ने और जोड़कर हिसाब निकालने लगी शारदा का 'एक्सपेक्टिंग डेट' यानी 'संभावित तिथि' अर्थात 'फरवरी में होकर बंद हुआ है तो नवंबर के दूसरे सप्ताह में?' वह पति

को गुदगुदाती बोली—''होनेवाले मामू साहब ! एक 'टोकरी' ऊन चाहिए··· जाड़े में जन्म लेनेवाले शिशु को गर्म रखने के लिए पसमीना-ऊन··· ।''

भाई और भाभी ने मिलकर शारदा को बचा लिया । चौथे महीने में ही निर्मल भागलपुर जाकर, लड़-झगड़कर, शारदा को पटना लिवा लाया । पहले हर महीने, बाद में प्रत्येक पखवारे में 'हेल्थ विजिटर' और 'मिडवाइफ' से जाँच करवाकर—वे सलाह लेते और तदनुसार परिश्रम, भोजन और दवा की व्यवस्था । इसके बावजूद शारदा की जान संकट में पड़ गई । नवंबर के दूसरे सप्ताह में शारदा बारह घंटे तक अस्पताल में सिर कटी हुई चिड़िया की तरह दर्द से तड़फती-छटपटाती रही । अंत में सी.एस. (सिजेरियन-सेक्शन अर्थात पेट चीरकर) करके बच्चा निकाला गया । बच्चा स्वस्थ है—छै पौंड का बेबी !

अस्पताल में पंद्रह दिन के बाद जब डेरे पर आई शारदा, तो एक दिन चोर की तरह मुँह छिपाता हुआ आकर खड़ा हुआ प्रोफेसर सुकुमार । विभा हँसकर बोली—''आ गए, आ गए ! जूलियस सीजर के पिता सुकुमार साहब··· प्रोफेसर ऑफ बोटानी ।''

शाम को निर्मल और विभा तस्वीर देखने गए—बहुत दिनों के बाद । पिछले दो. महीने से दोनों परेशान होकर दौड़ते-भागते रहे हैं ।

राह में विभा बोली—''मेहमान शायद शारदा को लेने आया है ।''

निर्मल बोला—''बोले तो मेरे सामने । जूता खाएगा ।''

लौटते समय विभा बोली—''कल एक बार डॉक्टर जोजेफ की क्लिनिक में चलोगे ?''

''क्यों ? अब क्या है ?'' निर्मल ने चौंककर पूछा ।

विभा बोली—''शारदा कहती थी कि एक बार डॉक्टर जोजेफ ने बुलाया है ।''

विभा और निर्मल । विवाह के पाँच वर्ष बाद भी जब विभा को 'कुछ नहीं' हुआ, तो निर्मल ने डॉक्टरों को दिखलाकर सलाह ली थी । एक छोटा-सा ऑपरेशन भी हुआ था । किंतु अंततः दोनों ने मन-ही-मन मान लिया था—कुछ नहीं होगा । विधि के विधान को उन्होंने स्वीकार कर लिया था । वे प्रसन्न थे, सुखी थे । कहीं कोई रिक्तता नहीं । कोई कमी नहीं महसूस करते थे । किंतु, उसकी बहन शारदा के आने के बाद मे···

दूसरे दिन डॉक्टर जोजेफ की क्लिनिक से लौटकर शारदा अपने पति और भाभी के साथ खिलखिलाकर हँस रही थी—''देखा भाभी ! मैंने कहा था न ! ठीक हुआ न, मेरी छूत लग गई न ! हा-हा ! मैं जानती थी । तुम्हारे लक्षण सभी···''

निर्मल ने पूछा—''क्या बात है शारदा ?''

वे सभी चुप हो गए। उस कमरे से विभा की गिड़गिड़ाती आवाज और शारदा की मद्धिम खिलखिलाहट के साथ शारदा के शिशु के किलकने की सम्मिलित आवाज आई। निर्मल ने फिर पूछा—"शारदा! क्या है?"

शारदा ने कोई जवाब नहीं दिया। वह उठकर पूजाघर में गई और शंख फूँकने लगी—'धू-ऊ-ऊ! तू-ऊ-ऊ!!'

प्रोफेसर सुकुमार लजाते और मुस्कुराते हुए निर्मल को समझा रहे थे—"भाई जी! वनस्पति-जगत में भी ऐसा होता है। इस प्राकृतिक प्रक्रिया को हमारे शास्त्र में 'पोलिनेशन' कहते हैं—पी.ओ.एल.एल.आई.एन.ए.टी.आई.ओ.एन. अर्थात फर्टिलाईजिग ए फ्लावर बाइ कनवेईंग··· नारियल या पपीता अथवा सुपारी का कोई पेड़ अगर नहीं फलता है तो पास में एक दूसरा पेड़ लगाया जाता है और जब दूसरा पेड़ फूलने-फलने लगता है, तो पहला निष्फल पेड़ भी···।"

निर्मल ने झुँझलाकर कहा—"क्या बक रहे हो, मैं कुछ नहीं समझ रहा। ···देखो सुकुमार, मैं कोई बहस, कोई बात नहीं करना चाहता—नहीं सुनना चाहता। शारदा साल-भर यहाँ रहेगी। इस बीच कोई···।"

सुकुमार तुतलाकर कह रहा था—"भाई साहब··· मतलब··· आप तो बेकार···"

हँसती हुई शारदा ने खिड़की के उस पार से ही अपने भाई और पति और दुनिया-जहान को सुनाने के लहजे में कहा—"मैं जाऊँगी ही नहीं। कोई जबरदस्ती ले जाएगा क्या?··· भाभी को डॉक्टर ने···।"

लगा, शारदा का मुँह किसी ने दबा दिया। उसकी बोली मुँह में ही रह गई।

सुकुमार ने झाँककर देखा—भाभी अपनी ननद का मुँह हथेली से बंद करके हँस रही है।

सुकुमार ने कहा—"अच्छी बात है भाभी! यह 'शुभ संवाद' मुझे ही सुनाने का अवसर आपने दे दिया। बहुत धन्यवाद! भाई जी, बात यह है कि भाभी··· भाभी को डॉक्टर जोज़ेफ ने जाँच कर 'पक्की' रिपोर्ट दे दी है—मतलब, भाभी ने 'कंसीव'··· अर्थात—वही जो मैं कह रहा था न—पोलिनेशन···"

पुरानी कहानी : नया पाठ

बंगाल की खाड़ी में डिप्रेशन–तूफान–उठा !

हिमालय की किसी चोटी का बर्फ पिघला और तराई के घनघोर जंगलों के ऊपर काले-काले बादल मँडराने लगे। दिशाएँ साँस रोके मौन-स्तब्ध !

कारी-कोसी के कछार पर चरते हुए पशु–गाय, बैल-भैंस–नदी में पानी पीते समय कुछ सूँघकर भड़के, आतंकित हुए। एक बूढ़ी गाय पूँछ उठाकर आर्तनाद करती हुई भागी। बूढ़े चरवाहे ने नदी के जल को गौर से देखा। चुल्लू में लिया–कनकन ठंडा ! सूँघा–सचमुच, गेरुआ पानी !

गेरुआ पानी अर्थात पहाड़ का पानी–बाढ़ का पानी ?

जवान चरवाहों ने उसकी बात को हँसी में उड़ा दिया। किंतु जानवरों की देह की कँपकँपी बढ़ती गई। वे झुंड बाँधकर कगार पर खड़े नदी की ओर देखते और भड़कते। फिर धरती पर मुँह नहीं रोपा किसी बछड़े ने भी।

कारी-कोसी की शाखा-नदियाँ–पनार, बकरा, लोहंद्रा और महानदी के दोनों कछारों पर भदई धान, मकई और पटसन के खेतों पर मोटी कूँची से पुता हुआ गहरा-हरा रंग ! गाँवों की अमराइयों और आँगनों में 'मधुश्रावणी' के मोहक गीतों की गूँज ! हवा में नववधुओं की सूखती-लहराती लाल, गुलाबी, पीली चुनरियों की मादक-गंध ! मड़ैया में लेटे, मकई के दूधिया बालों की रखवाली करनेवाले अधेड़ किसान के मन में रह-रहकर एक मीठा पाप जगता है–पाट के खेतों में साग खोंटनेवाली काली-काली जवान मुसहरनियों के झुंड को देखकर। वह विरहा अलापने लगता है, ऊँचे सुर में–'अरे साँवरी सुरतिया पे चमके टिकुलिया कि छतिया पे जोड़ी अनार गे–छौंड़ी छतिया पे जोड़ी अ-ना-आ-आ-आ-आ-र !'

''मार मुँहझौंसे बुढ़वा-वानर को। बुढ़ौती में अनार का सौख देखो।''

लड़कियाँ खिलखिलाकर हँसीं। हँसते-हँसते एक-दूसरे पर गिर पड़ीं। ...छौंड़ी माने तू बोली हमार गे--छौंड़ी माने तू बतिया ह-मा-आ-आ-आ-र !

...अनार नहीं, अन्हार ! अर्थात–अंधकार !

पाट के खेतों सहित काली-काली जवान मुसहरनी छोकरियाँ आकाश में उड़ गईं ? दल बाँधकर मँडरा रही हैं ? हँसती हैं तो बिजली चमक उठती है। ...रखवाला सूरज दो घड़ी पहले ही डूब गया ! अं-ध-का-आ-आ-आ-आ-र !

साँझ को बूँदाबाँदी शुरू हुई। मन का हुलास, गले से बरसाती गीत

'बारहमासा' की लय में फूटकर निकल पड़ा—'एहि प्रीति कारन सेतु बाँधल गिया उदेस सिर-राम हे-ए-ए-ए-ए-ए!'

हे-ए-ए-ए-हो-ओ-ओ-ओ!

···हथिया (हस्ता) नक्षत्र की आगमनी गाती हुई पुरवैया हवा, बाँस के बन में नाचने लगी। उसके साथ सैकड़ों प्रेतनियाँ, डाल-डाल में झूले डालकर झूल पड़ीं।··· विकट किलकारियाँ!

झमाझम वर्षा में दूर से एक करुण अस्फुट-गुहार आकर गाँवों को सिहरा गया—हे-ए-ए-ए-हो-ओ-ओ-ओ!

···कोई औरत राह भूलकर अँधेरे में पुकार रही है?

बाँस-बन की प्रेतनियाँ, करोड़ों जुगनुओं से जड़ी चुनरियाँ उड़ाती दौड़ीं, खेतों की ओर।···डरे हुए बच्चों को माताओं ने अपनी छातियों से चिपका लिया। दूर नदी के किनारे खेतों में खड़ी कोई उसी तरह पुकारती-गुहारती रही—हे-ए-ए-ए-हो-ओ-ओ!

···खेत की लछमी आधी रात में रो रही है?

···सर्वनाश!

गुहार की पुकार क्रमशः क्षीण होती गई और एक क्रुद्ध गुर्राहट की खौफनाक आवाज उभरी—'गों-ओं-ओं-ओं!'

···हवाई जहाज?

गुर्राहट क्रमशः निकट आ रही है। सबसे उत्तरवाले गाँव के सैकड़ों लोग एकसाथ चिल्ला उठे। भयातुर प्राणियों के कंठों से चीखें निकलीं—''बा-आ-आ-ढ़! अरे बाप!''

''बाढ़?''

''बकरा नदी का पानी पूरब-पच्छिम दोनों कछार पर 'छहछह' कर रहा है। मेरे खेत की मड़ैया के पास कमर-भर पानी है।''

''दुहाय कोसका महरानी!''

इस इलाके के लोग हर छोटी-बड़ी नदी को कोसी कहते हैं।··· कोसी-बराज बनने के बाद भी बाढ़?··· कोसका मैया से भला आदमी जीत सकेंगे?··· लो, और बाँधो कोसी को!

''अब क्या होगा?''

कड़कड़ाकर खेतों में बिजली गिरी। गाँव के लोगों की आँखों की रोशनी मंद हो गई।···एक तरल अंधकार में दुनिया डूब रही है।··· प्रलय, प्रलय!

निरुपाय, असहाय लोगों ने झाँझ-मृदंग बजाकर कोसी-मैया का वंदना-गीत

शुरू किया !

जवानों ने टाँगी-कुदाली से बाँस की बल्लियों, लकड़ियों को काटकर मचान बाँधना शुरू किया ।

मृदंग-झाँझ के ताल पर फटे कंठों के भयोत्पादक सुर... "कि आहे-मैया-कोसका-आ-आ-आ-हैय-मैया-तोहरो-चरनवाँ-गै मैया अड़हूल-फूलवा कि-हैय-मैया-हमहु-चढ़ायब-हैय... !"

...धिन-तक-धिन्ना, धिन-तक-धिन्ना !

...छम्मक-कट-छम, छम्मक-कट-छम !

उतराही-गाँव का एकमात्र 'पढ़ुआ-पागल' हँसता हुआ इसी ताल पर जन-कवि नागार्जुन की कविता की आवृत्ति कर रहा है—"ता-ता थैया, ता-ता थैया, नाचो-नाचो कोसी मैया... !"

और सचमुच इसी ताल पर नाचती हुई कोसी-मैया आई और देखते-ही-देखते खेत-खलियान-गाँव-घर-पेड़—सभी इसी ताल पर नाचने लगे—ता-ता थैया, ता-ता थैया... धिन-तक-धिन्ना, छम्मक-कट-छम !

—मुँह बाये, विशाल मगरमच्छ की पीठ पर सवार दस-भुजा कोसी नाचती, निकलती, अट्टहास करती आगे बढ़ रही है ।

अब मृदंग-झाँझ नहीं, गीत नहीं—सिर्फ हाहाकार !

किंतु नौजवान लोग जीवट के साथ जुटे हुए हैं; मचान बाँध रहे हैं ; केले के पौधों को काटकर 'बेड़ा' बना रहे हैं ।... जब तक साँस, तब तक आस !

"ओसरे पर पानी आ गया !"

"बछरू बहा जा रहा है । धरो-पकड़ो-पकड़ो !"

"किसका घर गिरा ?"

"मड़ैया में कमर-भर पानी !"

"ताड़ के पेड़ पर कौन चढ़ रहा है ?"

"घर में पानी घुस गया । अरे बाप !"

"छप्पर पर चढ़ जा !"

"माय गे-ए-ए-ए—बाबा हो-ओ-ओ-दुहा-ई-ई-सँभल के-ले-ले गिरा-गिरा—छप्पर पर चढ़ जा—ए सुगनी-रे रमललवा-आ-आ दीदी ई-ई-हाय-हाय—माय गे—बाबा हो-ओ-ओ—हे इस्सर महादेव—ले ले गया-गया—डूबा-डूबा—आँगन में छाती-भर पानी—यह छप्पर कमजोर है, यहाँ नहीं—यहाँ जगह नहीं—हे हे ले ले गिरा—भैंस का बच्चा बहा रे-ए-ए—ए डोमन-ए डोमन-साँप-साँप—जै गौरा पारबती—रस्सी कहाँ है—हँसिया दे—बाप रे बाप—ता-ता थैया, ता-ता-थैया,

नाचो-नाचो कोसी-मैया—छम्मक-कट-छम··· !"

भोर के मटमैले प्रकाश में ताड़ की फुनगी पर बैठे हुए वृद्ध गिद्ध ने देखा—दूर, बहुत दूर तक गेरुआ पानी-पानी-पानी ! बीच-बीच में टापुओं जैसे गाँव-घर, घरों और पेड़ों पर बैठे हुए लोग । वह वहाँ एक भैंस की लाश ! डूबे हुए पाट पर मकई के पौधों की फुनगियों के उस पार··· !

राजगिद्ध पाँखें तोलता है—उड़ान भरता है ! हहास !

जंगली बतकों की टोली अपने घोंसलों और अंडों को खोज रही है । टिटही असगुन और अमंगल-भरी बोल रही है ।

बादल फिर घिर रहे हैं । हवा फिर तेज हुई ।··· दुहाई !

इस क्षेत्र के पराजित उम्मीदवार, पुराने जनसेवक जी का सपना सच हुआ । कोसका मैया ने उन्हें फिर जनसेवा का 'औसर' दिया है ।··· जै हो, जै हो ! इस बार भगवान ने चाहा तो वे विरोधी को पछाड़कर दम लेंगे । वे कस्बा रामनगर के एक व्यापारी की गद्दी से टेलीफोन करके जिला मैजिस्ट्रेट तथा राज्य के मंत्रियों से योगसूत्र स्थापित कर रहे हैं—"हैलो ! हैलो··· !"

राजधानी के प्रसिद्ध हिंदी दैनिक-पत्र के स्थानीय निज संवाददाता को बहुत दिन के बाद ऐसा महत्त्वपूर्ण समाचार हाथ लगा है—क्या ? प्रेस-टेलीग्राम का फार्म नहीं है ?··· ट्रा-ट्रा-टक्का-टक्का-ट्रा-ट्रा··· !

"हैलो, हैलो ! हैलो पुरनियाँ, हैलो पटना, हैलो कटिहार !"

···ट्रा-ट्रा-टक्का-टक्का··· !

"हैलो, मैं जनसेवक शर्मा बोल रहा हूँ । जी ? जी करीब पचास गाँव एकदम जलमग्न—डूब गए । नहीं हुजूर, नाव नहीं, गाँव । गाँव माने विलेज जी ? कुछ सुनाई नहीं पड़ रहा जी ! नाव एक भी नहीं है । हुजूर डी.एम. को ताकीद किया जाए ज़रा । जी ? इस इलाके का एम.एल.ए. ? जी, वह तो विरोधी पार्टी का है । जी···जी ?··· हैलो-हैलो-हैलो !"

जनसेवकजी ने संवाददाता को पोस्ट ऑफिस के काउंटर पर पकड़ा और उसे चाय की दुकान पर अपना बयान लिखाने के लिए ले गए । किंतु चाय की दुकान पर सुविधा नहीं हुई, तो उसे अपने डेरे पर ले गए । लिखो —"स्मरण रहे कि ऐसा बाढ़··· बाढ़ स्त्रीलिंग है ? तब, ऐसी बाढ़ ही लिखो । हाँ, तो स्मरण रहे कि ऐसी बाढ़ इसके पहले कभी नहीं आई··· ।"

"किंतु दस साल पहले तो··· ?"

''अजी, दस साल पहले की बात कौन याद रखता है ! तो लिखो कि सूचना मिलते ही आधी रात को मैं बाढ़ग्रस्त इलाके··· । और सुनो, आज ही यह 'स्टेटमेंट' चला जाए । वक्तव्य सबसे पहले मेरा छपना चाहिए ।''

संवाददाता अपनी पत्रकारोचित बुद्धि से काम लेता है—''लेकिन एम.एल.ए. साहब ने तो पहले ही बयान दे दिया है—'फर्स्ट प्रेस ऑफ इंडिया' को—सीधे टेलीफोन से ।''

जनसेवक शर्मा का चेहरा उतर गया । ··· इतने दिन के बाद भगवान ने जनसेवा का औसर दिया और वक्तव्य चला गया पहले विरोधी का ? दुश्मन का ? चीनी आक्रमण के समय भी भाषण देने और फंड वसूलने में वह पीछे रह गए । और, इस बार भी ?

''सुनो । मैंने कितने बाढ़ग्रस्त गाँवों के बारे में लिखाया था ? पचास ? उसको डेढ़ सौ कर दो । ··· ज्यादा गाँव बाढ़ग्रस्त होगा तो रिलीफ़ भी ज्यादा-ज्यादा मिलेगा, इस इलाके को । अपने क्षेत्र की भलाई के लिए मैं सबकुछ कर सकता हूँ । और झूठ क्यों ? भगवान ने चाहा तो कल तक दो सौ गाँव जलमग्न हो जा सकते हैं !''

संवाददाता को अपना वक्तव्य देने के बाद उन्होंने अपने कार्यकर्ताओं की विशेष 'आवश्यक और अरजेंट' बैठक बुलाई । वक्तव्य में उन्होंने जिस बात की चर्चा नहीं की, उसी पर विशेष प्रकाश डालते हुए सुझाया—''यह जो बरदाहा-बाँध बना है पिछले साल, इसके कारण इस कस्बा रामपुर पर भी इस बार खतरा है । पानी को निकास नहीं मिला तो कल सुबह तक ही—हो सकता है—पानी यहाँ के गाड़ीवान टोला तक ठेल दे !''

गाड़ीवान टोले के कर्मठ कार्यकर्ताओं ने एक-दूसरे की ओर देखा। आँखों-ही-आँखों में गुप्त कार्रवाई करने का प्रस्ताव पास हो गया ।

दूसरे ही दिन सुबह को संवाददाता ने नया संवाद भेजा—''आज रात बरदाहा-बाँध टूट जाने के कारण करीब डेढ़ सौ गाँव फिर डूबे··· ।'' टक्का-टक्का-ट्रा-ट्रा !! ज़नसेवक जी 'ट्रंक' से पुकारने लगे—''हैलो-हैलो-हैलो-पटना, हैलो पटना··· !!''

कस्बा रामपुर के व्यापारियों और बड़े महाजनों ने समझ लिया—'सुभ-लाभ' का ऐसा अवसर बार-बार नहीं आता । चीनी आक्रमण के समय वे हाथ मलकर रह गए । ··· यह अकाल का हल्ला चल ही रहा था कि भगवान ने बाढ़ भेज दिया । दरवाजे के पास तक आई हुई गंगा में कौन नहीं हाथ धोएगा भला ! उनके गोदाम खाली हो गए, रातों-रात बही-खाते दुरुस्त ! अकाल-पीड़ितों के लिए फंड में पैसे देने की सरकारी-गैर-सरकारी अपील पर, उन्होंने दिल खोलकर पैसे दिए । ···

अनाज ? अनाज कहाँ ?

सरकारी कर्मचारियों ने उनके खाली गोदामों पर सरकारी ताले जड़ दिए।

''भाइयो ! भाइयो ! ! आज शाम को। स्थानीय टाउन हॉल यानी 'ठेठरहौल' में। कस्बा रामपुर की जनता की एक विराट-सभा होगी। इस सभा में बाढ़-पीड़ित-सहायता-कमिटी का गठन होगा। भाइयो ! भाइयो··· !''

''प्यारे भाइयो ! द अनसारी टूरिंग सिनेमा के रुपहले परदे पर आज रात एक महान पारिवारिक खेल···प्यारे भाइयो···आज रात !''

''मेहरबान, आँख नहीं तो कुछ नहीं। जिन भाइयों की आँखों में लाली हो—आँख से पानी गिरता हो—मोतियाबिंद और रतौंधी हो—एक बार हमारी कंपनी का मशहूर और मारूफ़ अंजन इस्तेमाल करके देखें···।''

···मैं का करूँ राम मुझे बुड्ढा मिल गया !

···छप गया, छप गया। इस इलाके का ताजा समाचार। दो सौ गाँव डूब गए।

···आ गया ! आ गया ! सस्ता बंबैया चादर !

···आ गई ! आ गई ! रिलीफ की गाड़ी आ गई !

···आ गई ! आ रही है ! तीन दर्जन नावें !

···सिंचाई मंत्री जी आ रहे हैं !

···भिक्षा दो भाई भिक्षा दो—चावल-कपड़ा-पैसा दो !

···इन्कलाब जिंदाबाद !

कस्बा रामपुर के दोनों स्कूल, मिडिल और उच्च-माध्यमिक विद्यालय के लड़के जुलूस निकालकर, गीत गाकर फटे-पुराने कपड़े बटोरते रहे। शाम होते-होते वे दो दलों में बँट गए। बात गाली-गलौज से शुरू होकर 'लाठी-लठौवल' और छुरेबाजी तक बढ़ गई।··· दिन-भर जुलूस में गला फाड़कर नारा लगाया—गाना गाया मिडिल स्कूल के लड़कों ने और लीडर में नाम लिखा जाए हाइयर सेकेंडरी के लड़के का ? मारो सालों को !

किंतु रिलीफ-कमिटी के सभापति श्री जनसेवक शर्मा जी निर्विरोध निर्वाचित हुए। एम.एल.ए. साहब को लोगों ने मिलकर खूब फींचा। ''वोट माँगने के समय तो खूब 'लाम काफ' बघार रहे थे। और अभी सरकारी रिलीफ-बोट की बात तो दूर, एक फूटी नाव तक नहीं जुटा सकते ?··· जवाब दीजिए, क्यों आई यह बाढ़ ?··· आपकी बात नहीं सुनी जाती तो दे दीजिए इस्तीफा !''

एम.एल.ए. साहब के सभी 'मिलीटेंट-वर्कर' अनुपस्थित थे। नहीं तो बात यहाँ भी रोड़ेबाजी से शुरू होकर··· !

सभी राजनैतिक पार्टियों के प्रमुख नेता अपने-अपने कार्यकर्ताओं के जत्थे के

साथ कस्बा रामपुर पहुँच रहे हैं। उनके अलग-अलग कैंप गड़ रहे हैं।

सरकारी डॉक्टरों और नर्सों की टोली अभी-अभी पहुँची है। डाकबँगले के सभी कमरों में आफिसरों के डेरे हैं।...अफसरों की 'कोर्डिनेशन मीटिंग' बैठी है।

सभी राजनैतिक पार्टी के नेताओं ने अपने प्रतिनिधि का नाम दिया है—विजिलेंस-कमिटी की सदस्यता के लिए। प्रायः सभी पार्टियों में दो गुट हैं—आफिशियल ग्रुप, डिसिडेंट...। हर कैंप में एक दबा हुआ असंतोष सुलग रहा है।

...कल मुख्यमंत्री जी 'आसमानी-दौरा' करेंगे।

...केंद्रीय खाद्यमंत्री भी उड़कर आ रहे हैं।

...नदी-घाटी-योजना के मंत्री जी ने बयान दिया है।

...और रिलीफ भेजा जा रहा है। चावल-आटा-तेल-कपड़ा-किरासन तेल-माचिस-साबूदाना-चीनी से भरे दस सरकारी ट्रक रवाना हो चुके हैं।

...कल सारी रात विजिलेंस कमिटी की बैठक चलती रही।

"भाइयो! आज शाम को। म्युनिसिपल मैदान में। आम सभा होगी। जिसमें सरकार की वर्तमान 'रिलीफ नीति' के खिलाफ घोर असंतोष प्रकट किया जाएगा। रिलीफ कमिटी का मनमाना गठन करके...।"

"भाइयो! कल साढ़े दस बजे दिन को। कामरेड चौबे। स्थानीय रिलीफ-आफिसर के सामने। अनशन करने के लिए...!"

...जा जा जा रे बेईमान तोरा एको न धरम। एको न धरम हाय कछु ना शरम। जा जा जा रे बेईमान तोरा...!

"भाइयो!"

दो दिन से छप्परों, पेड़ों और टीलों पर बैठे पानी से घिरे भूखे-प्यासे और असह लोगों ने देखा—नावें आ रही हैं।

अगली नाव पर झंडा है। कांग्रेसी झंडा!

पिछली नाव पर भी। मगर दूसरे रंग का।

...जै हो! महात्मा गाँधी की जै!

...ए ए!! इसमें महात्मा गाँधी की जय की क्या बात है?

...हड़बड़ाओ मत। नहीं तो डाली टूट जाएगी।

...तीसरी नाव! अरे-रे! वह नाव नहीं। मवेशी की लाश है और उस पर दो गिद्ध बैठे हैं।

…हवाई जहाज ! हवाई जहाज !

नावें करीब आती गईं। अगली नाव पर जनसेवक जी स्वयं सवार हैं। उनकी नाव पर 'माइक' फिट है। वे दूर से ही अपनी भूमिका बाँध रहे हैं—"भाइयो, हालाँकि पिछले चुनाव में आप लोगों ने मुझे वोट नहीं दिया। फिर भी आप लोगों के संकट की सूचना पाते ही मैंने मुख्यमंत्री, सिंचाईमंत्री, खाद्यमंत्री… !"

पिछली नाव पर विरोधी दल के कार्यकर्ता थे। उन्होंने एक स्वर से विरोध किया—"यह अन्याय है। आप सरकारी नाव और सरकारी सहायता का इस्तेमाल गलत तरीके से पार्टी के प्रचार में…।"

जनसेवक जी रिलीफ-कमिटी के सभापति हैं। उन्हें विरोध की परवाह नहीं। वे जारी रखते हैं—"भाइयो, आप लोग हमारे कार्यकर्ताओं को अपनी संख्या नाम-ब-नाम लिखा दें। आप लोग एक ही साथ हड़बड़ाकर नाव पर मत चढ़ें। भाइयो, स्टाक अभी थोड़ा है। नाव की भी कमी है। इसलिए जितना भी है आपस में सलाह करके बाँट-बटवारा… !"

रिलीफ-कमिटी के सभापति की नाव जलमग्न क्षेत्र में भाषण बोती हुई चली गई। साथवाली नाव पर बैठे लोग लगातार विरोध करते हुए साथ चले। दोनों नावों से कुछ कार्यकर्ता उतरे—बही-खाता लेकर।

"बड़ी नाव आ रही है !"

"भैया, खाली नाव ही आ रही है या और भी कुछ ? बच्चे भूख से बेहोश हैं। मेरी बेटी लबेजान है।"

दो दर्जन नावें शाम तक लोगों को बटोरती रहीं। रात को विजिलेंस-कमिटी की बैठक में रिलीफ-आफिसर ने स्पष्ट शब्दों में कह दिया, "नावों पर किसी पार्टी का झंडा नहीं लगेगा !… बगैर अँगूठा-टीप लिए या बिना दस्तखत कराए किसी को कोई चीज नहीं दी जाए।… हमें दुख है कि हम बीड़ी नहीं सप्लाई कर सकते।… रिलीफ बाँटते समय किसी पार्टी का प्रचार या निंदा करना गैरवाजिब है। ऐसा करनेवालों को कमिटी का किसी प्रकार का काम नहीं सौंपा जाएगा।"

डॉक्टरों और नर्सों को अभी कोई काम नहीं। वे 'इनडोर' और 'आउटडोर' खेलों में मस्त हैं—गेम बॉल !…टू स्पेड !… की मिस बनर्जी… की होलो ?… नो ट्रंप !

रेलवे लाइन के ऊँचे बाँध पर—कस्बा रामपुर के हाट पर पेड़ों के नीचे—स्कूलों में बाढ़-पीड़ितों के रहने की व्यवस्था की गई है। जिन गाँवों में पानी नहीं घुसा है, मगर पानी से घिरे हैं, ऐसे गाँवों में भी लोगों के रहने की व्यवस्था की गई है। उनके लिए रोज राशन लेकर नावें जाती हैं। डॉक्टरों और नर्सों के कई जत्थे गाँवों में सेंटर चलाने के लिए भेजे गए हैं।

पानी धीरे-धीरे घट रहा है।

मुसहर तथा बहरदारों का दम, कैंप के घेरे में कई दिन से फूल रहा था। इन घुटते हुए लोगों ने पानी घटने की खबर सुनते ही डेरा-डंडा तोड़ दिया। वे पानी के जानवर हैं। पानी-कीचड़ में वे महीनों रह सकते हैं ··· टीप देते-देते अँगूठे की चमड़ी भी काली हो गई। ··· भीख माँगकर खाना अच्छा, मगर रिलीफ या हलवा-पूड़ी नहीं छूना। छिः छिः!!—वह 'कुर्र-अक्खा' भोलटियर मेरी सुगनी को फुसला रहा था, जानते हो? ··· सब चोरों का ठठ्ठ!

"भाइयो, कैंप से जाने के पहले। अपने इंचार्ज को। अवश्य सूचित करें। जिन गाँवों से पानी हट गया है वहाँ के लोग अब जा सकते हैं। उनके पुनर्वास के लिए रिलीफ-कमिटी की ओर से बाँस-खड़-सूतली तथा और जरूरी सामान ···!"

"भाइयो, आपको मालूम होना चाहिए। कि आपकी सहायता के लिए। आए हुए सामान के वितरण में। घोर धाँधली हो रही है। आप खुद अपनी आवाज बुलंद करके। मौजूदा कमिटी को ···!"

"भाइयो। भाइयो! सुनिए। दोस्तो!!"

भाइयो-भाइयो पुकारते हुए दोनों घोषणा करनेवालों ने एक-दूसरे को झूठा और बेईमान कहना शुरू किया। फिर मारपीट शुरू हुई। पुलिस ने शांति स्थापित करने के लिए लाठी-चार्ज किया। कई बाढ़-पीड़ित रात-भर हिरासत में रहे।

···राजधानी के प्रमुख अंग्रेजी पत्र ने परदा-फ़ाश करते हुए लिखा—'छोटी-छोटी नदियों, खासकर कोसी की पुरानी धाराओं में, छोटे-बड़े बाँध बाँधने में पी.डब्ल्यू.डी. के इंजीनियरों ने अदूरदर्शिता से काम लिया है। यही कारण है जिन क्षेत्रों में कभी बाढ़ नहीं आई, वे जलमग्न हैं इस बार। सरकार के अकर्मण्य कर्मचारियों ···।

···दूसरे दैनिक ने इस बाढ़ की जिम्मेदारी पड़ोसी राज्य के अधिकारियों के सिर थोपते हुए लिखा—'पड़ोसी राज्य ने हमारे राज्य की सीमा से सटे हुए क्षेत्र में बराज बाँधकर सारे उत्तर-पूर्वी बिहार की तमाम छोटी नदियों का निकास अवरुद्ध कर दिया। बराज बनाने के पहले यदि हमारे राज्य-अधिकारियों से सलाह-परामर्श किया जाता तो ऐसी बाढ़ नहीं आती।'

स्थानीय, अर्थात जिला से निकलनेवाली साप्ताहिक पत्रिका ने इस बाढ़ को 'मैनमेड' बाढ़ करार देते हुए प्रमाणित किया—पड़ोसी राज्य नहीं, पड़ोसी राष्ट्र के कर्णधारों ने ही हमें डुबाया है।'

बरदाहा-बाँध टूटने की जिम्मेदारी चूहों पर पड़ी। चूहों ने बाँध में असंख्य 'माँद' खोदकर जर्जर कर दिया था—एक ही साल में।

···पढ़िए, पढ़िए···ताजा समाचार! सारे राज्य में हाहाकार! राज्य की मौजूदा सरकार के खिलाफ अविश्वास के प्रस्ताव की तैयारी! मुख्यमंत्री के निवास पर अनशन!

पचास टिन किरासन, दस बोरा आटा और चावल के साथ रिलीफ की नाव पनार नदी की बीच धारा में डूब गई!··· लापता हो गई।

जनसेवक जी के विरोधियों ने मुकदमा दायर किया है। करें। जनसेवक जी का काम बन चुका है। सारे इलाके में उनका जय-जयकार हो रहा है। ··· चुनाव में हारने और चीनी आक्रमण के समय पिछड़ जाने की सारी ग्लानि दूर हो गई है। उन्होंने सूद-सहित वसूल लिया है। ··· भगवान जरूर है, कहीं-न-कहीं!

···भाइयो!

···ओ मेरे वतन के लोगो! ज़रा आँख में भर लो पानी···!

आकाश में गिद्धों की टोली भाँवरी ले रही है। सैकड़ों काले-काले पंख—मँडराते हुए बादलों जैसे।

धरती पर मरे हुए पशुओं की लाशें—कंकाल! हरी-भरी फसलों के सड़ते हुए पौधे!

···दुर्गंध-दुर्गंध-गंध!

···कीचड़-केंचुए-कीड़े—धरती की सड़ी हुई लाश!

सर्वहारा लोगों की टोली, सिर झुकाए बचे-खुचे पशुओं को हाँकते, बाल-बच्चों, मुर्गों-मुर्गियों, बकरे-बकरियों को गाड़ियों, बहँगियों और पीठ पर लादकर अपने-अपने गाँव की ओर जा रही है, जहाँ न उनकी मड़ैया साबित है और न खेतों में एक चुटकी फसल। किंतु उनके पैर तेजी से बढ़ रहे हैं। तीस-बत्तीस दिन के रौरववास के बाद उनके दिलों में अपने बेघर के गाँव और कीचड़ से भरे खेतों के लिए प्यार की बाढ़ आ गई है। ··· कीचड़ पर उनके पैरों के छाप दूर-दूर तक अंकित हो रहे हैं।

गाँव फिर से बस रहे हैं।

सरकारी रिलीफ, कर्ज और सहायता के बोझ से दबी हुई आत्माओं में फिर देवता आकर बसने लगे। तीस-बत्तीस दिन तक अपनी-अपनी जान के लिए वे आपस में लड़ते रहे, रिलीफ के कार्यकर्ताओं की खुशामद करते रहे। स्वार्थ-सिद्धि के लिए उन्होंने एक-दूसरे की गरदन पर हाथ रखे, दूसरे का हिस्सा हड़पा, चोरी की, झगड़ा किया। ···सभी के दिल में शैतान का डेरा था।

आसिन का सूरज रोज धरती को जगाता है। सूखते हुए कीचड़ों पर दूब के अँखुए हरे हुए।

जंगली बतकों की पाँती 'पैंक-पैंक' करती हुई चक्कर मार रही है। चील, काग, गिद्ध—सभी प्यारे लगते हैं। गड्ढों में 'कोका' के फूल हैं या बगुले? ⋯ हरसिंगार की डाली फूलों से लद गई। हवा में आगमनी का सुर—माँ आ रही है! भिखारिनी—अन्नपूर्णा माँ?

मिट्टी-कीचड़ की प्रतिमा में प्राण-प्रतिष्ठा का मंत्र फूँककर मिट्टी की संतान ने पुकारा—माँ-आँ-आँ! हमें क्षमा करो⋯!

पूजा के ढोल बजने लगे, सभी ओर।

कारी कोसी की निर्मल धारा में अष्टमी का चाँद हँसा। शरणार्थी बंगाली मल्लाहों के गीत की एक कड़ी रजनीगंधा के तुनुक-कोमल डंठलों की तरह टूट-टूटकर बिखर रही है—औ रे भा-य य य!! तोमारि लागिया-बधुआ-आ-आ-काँदे हाय हाय—उगो पिरित करिया बधुआ मने पस्ताय⋯!

इलाके का 'पढ़वा पागल' आजकल 'निराला' की एक ही पंक्ति को बार-बार दुहराता है—'मिट्टी का ढेला शकरपाला हुआ।'

आत्मसाक्षी

भात की हाँड़ी से उबले हुए आलुओं को निकालकर छील रहा था गनपत, कि बाहर किसी ने खखासकर अपने आने की सूचना दी—सूचना नहीं, चेतावनी। उसने पूछा. "कौन है?"

"कौन हैं अंदर? गनपत जी?⋯ इधर आफिस में अँधेरा क्यों है? लालटेन दे जाइए इधर।"

गनपत को अचरज हुआ। कॉमरेड बलराम जी कब आए पटना से? और कॉमरेड लोग अभी रैली से लौटे नहीं। बलराम जी कब और कैसे लौट आए?

उसने आलू की कटोरी को थाली से ढँक दिया, और लालटेन लेकर बाहर आया।

''लाल सलाम, साथी ! कहिए रैली का कुशल-समाचार !''

बलराम का लटका हुआ मुँह देखकर गनपत का हुलसा हुआ मन अचानक बैठ गया। बलराम की विकृत मुख-मुद्रा को देखकर उसका जी धड़का। ...लक्षण अच्छे नहीं।

''आफिस खोलिए ज़रा।''

गनपत ने मन-ही-मन कहा, 'ज़रा क्यों ! पूरा ही खोल देता हूँ। मुँह-नाक इस तरह सिकोड़कर क्यों बतियाते हैं ? ... पटना एक बार पहुँचते ही साथियों को न जाने क्या हो जाता है !'

उसने ऑफिस नामक झोंपड़ी का दरवाजा खोल दिया। कई दिन से बंद कमरे से एक गुमसी हुई गंध निकली। लालटेन की रोशनी दो-तीन बार भुकभुकाकर काँपने लगी।

बलराम जी ने अपने मुँह को और भी बिगाड़कर कहा, ''लालटेन में तेल है या पानी ? एक चिमनी क्यों नहीं खरीद लेते ?''

गनपत को भात की याद आई। ठंडा भात वह नहीं खा सकता। खाते ही 'बाय' उखड़ जाता है। उसने रसोईघर की ढिबरी जलाते हुए कहा, ''तेल और चिमनी की बात पूछते हैं कॉमरेड, तो पहले हमको भोजन कर लेने दीजिए, तब जवाब देंगे। ... आप चाह-चू पीजिए तो बोलिए, पानी चढ़ा दें। चूल्हे में आग है। पुड़िया में थोड़ी पत्ती और कागजी नींबू भी है।''

चूल्हे पर अलमूनियम की काली देगची चढ़ाकर गनपत ने जलावन को धधकाया, और आलू निकालकर छीलने लगा। ... आलू का भुर्ता और गरम-गरम भात ! गनपत के लिए इससे बढ़कर लोभनीय पदार्थ इस संसार में और कुछ नहीं। कुसमी कहती है कभी-कभी, 'भतखौका मरद !' और गनपत हँसकर जवाब देता है, 'भतारखौकी !' बलराम जी ने खखासकर चेतावनी दी थी उस समय। यदि अंदर कुसमी होती उस समय, तो गनपत का चेहरा लाल हो जाता, और वह जोर-जोर से बेवजह कुसमी को डाँटने लगता—'काम करने का मन नहीं है तो छोड़ दो। जैसे तुम्हारा बेटा कामचोर, वैसी ही तुम।' कुसमी हँसती हुई, घूँघट के नीचे से जवाब देती...।

भुर्ता बनाते समय गनपत को आज के अख़बार में पढ़ी हुई बात याद आई—'हमारे जवानों ने दुश्मनों के टैंकों का भुर्ता बना डाला...।'

तेल, प्याज, मिर्च और धनिया की कतरी हुई पत्ती को भुर्ता में मिलाकर उसने गोला तैयार किया। पीतल की चमचमाती हुई थाली में भात डालते समय भाप की महक उसके तन-मन में समा जाती है। भात की यह ललचानेवाली गंध, उसे सबसे

पहले सन तीस में लगी थी—स्वयंसेवक शिविर में। तब से आज तक न जाने कितने आश्रम, शिविर, रैली, सम्मेलन और जेलों के सामूहिक भोजनालयों में गनपत ने पत्तल जूठा किया है, मगर ऐसी गंध क्या हर जगह और हर रोज मिलती है?

तृप्तिपूर्वक पेट-भर भोजन कर लेने के बाद गनपत ने जूठी थाली और जूठे चौके को माँज-धोकर पवित्र किया। सुबह कुसमी आकर चिकनी मिट्टी से लीप-पोत देगी। उसने पुकारकर कहा, "शोभित लाल! भात ले जा रे!"

काठ के बक्स से प्याली निकालकर बलराम जी के लिए नींबूवाली चाय तैयार की गनपत ने। फिर भुने हुए सौंफ की बुकनी मुँह में डालकर, हाथ में चाय की प्याली लेकर वह ऑफिस घर में आया। सौंफ की बुकनी के अलावा किसी किस्म की लत नहीं है गनपत को। न बीड़ी-सिगरेट पीता है, न पान-तंबाकू खाता है।

चाय की पहली चुस्की लेते ही बलराम जी का बिगड़ा हुआ मुखड़ा सुधर गया। चमड़े के थैले में कागज-पत्तर डालते हुए बलराम जी ने पूछा, "आप खुद क्यों खाना बनाते हैं? शोभित की माँ क्या करती है?"

गनपत कट-भरी बोली का मतलब समझता है। अर्थात तीन रुपए महीना शोभित को और पाँच रुपए माहवार उसकी माँ कुसमी को किस काम के लिए दिए जाते हैं?

बलराम जी ने दूसरा सवाल किया, "तब?... इधर कुछ चंदा-फंदा वसूल हुआ है, या...?"

गनपत ने डकार लेते हुए कहा, "वही तो कह रहा था, कॉमरेड...!"

बलराम ने टोक दिया, "देखिए, आप इस तरहं बात-बात में कॉमरेड जोड़कर क्यों बोलते हैं?"

"कॉमरेड को कॉमरेड न कहें तो क्या कहें? और यह कुछ नई बात तो नहीं। सन तीस से ही जब से 'पाटी' का प्लेज लिया, तभी से कॉमरेड...।"

"तब की बात छोड़िए। आजकल कोई नहीं बोलता।... आपकी बोली सुनकर लोग हँसते हैं, इसी के चलते।"

"इसमें हँसने की क्या बात है?"

"खैर, बहस छोड़िए! आपसे बहस में कौन पार पाएगा? हाँ, तो क्या कह रहे थे आप चंदा के बारे में?"

"कहना क्या है? पिछले छै महीने से साहू की दुकान का बकाया बढ़ते-बढ़ते ढाई सौ पर पहुँच गया है। जिला रैली के समय टीसन के मारवाड़ी का पचास रुपया बकाया अब तक चुकता नहीं हुआ। पाट के समय चंदा की उम्मीद थी। मगर भुखमरी के समय कौन माँगता है, और कौन देता है चंदा? अब धान का समय आया है तो अभी कॉमरेड साथी महीना-भर से 'फिड़ाड़' हैं...।"

बलराम चौंका–"फिरार ? कौन है फिरार ?"

गनपत मुसकराकर बोला, "फिड़ाड़ माने वह फिड़ाड़ नहीं । माने अभी सभी कॉमरेड क्षेत्र से बाहर हैं ।"

बलराज जी गंभीर हो गए । उठते हुए बोले, "गनपत जी, आप ठीक कहते हैं । लगता है, सभी अब फरार हो जाएँगे ।"

"मतलब ?"

"मतलब आप समझकर क्या कीजिएगा । वह सब 'हाई लेवेल' और 'सिद्धांत की लड़ाई' की बात आप क्या समझिएगा ?"

गनपत और कुछ समझे या नहीं, आदमी के मन की बात को पढ़ना जानता है । बलराम जी की बात में उसको एक खास किस्म की 'झाँस' लगी । आलू के भुर्ते में खराब तेल की गंध !

हाई लेवेल ! गनपत अंग्रेजी पढ़ा-लिखा नहीं है तो क्या ? सैकड़ों अंग्रेजी के शब्दों का मतलब वह समझता है । बोलता है–केपिटलिस्ट, बुर्जुआ, प्रोलेतारियत, कुलक, रिएक्शनरी, गांधियाइट, पीस, पार्टी-लिटरेचर, और भी अनेक शब्द ।

बलराम जी ही नहीं, सभी 'नए कॉमरेड' गनपत को तीन कौड़ी का आदमी भी नहीं समझते हैं । अभी साथी जियाउद्दीन या शैलेंदर जी अथवा गोपाल जी होते तो क्या किसी रैली से या मीटिंग से लौटकर इसी तरह मुँह लटकाकर, भौंह चढ़ाकर बातें करके घर चले जाते–बीवी के पास सटकर सोने ? ऑफिस सेक्रेटरी बलराम जी का जब से गौना हुआ है, सूरज डूबने के पहले ही ऑफिस बंद करके घर भाग जाते हैं ।

इधर कई वर्षों से गनपत को लगता है कि हर तरफ एक मनहूसियत ‍नी होकर छा रही है । कहीं किसी के मन में किसी बात के लिए उत्साह नहीं । आखिर यह रोग गनपत की 'पार्टी' को भी लग गया ? इस बार जिला कान्फरेंस में वह जी खोलकर इस सवाल को पेश करेगा ।

वह जानता है कि सवाल पेश करने के लिए वह ज्यों ही उठेगा, नवतुरिया कॉमरेड लोग आपस में फुसफुसाकर मुसकराने लगेंगे, कपट-खाँसी खाँसेंगे, और कोई-कोई चिल्लाकर कहेंगे, 'कॉमरेड गनपत ! यह सवाल कल्चरल प्रोग्राम के समय स्टेज पर पेश कीजिएगा ।"

'हूँ ! स्टेज पर ! स्टेज… ।'

उँगलियों पर जोड़ने की जरूरत नहीं । गनपत का सबकुछ जोड़ा हुआ है । पैंतीस साल पहले वह सबसे पहले आर्यसमाजी सभा-मंच पर खँजड़ी बजाकर 'अछूतोद्धारवाला गीत' गाने के लिए खड़ा हुआ था ।

उस सभा की याद आते ही परबतिया की याद आ जाती है । जिसके हाथ का

पानी पीने से जाति मारी जाए, प्रेम में पड़कर गनपत ने 'नीच कुल' की उसी परवतिया के मुँह का 'चुम्मा' लिया था। 'सत्त' किया था—सबकुछ छूट जाए, परबतिया को वह कभी नहीं छोड़ेगा। जाति-समाज के अलावा घर के लोगों ने गनपत को तरह-तरह की यातनाएँ दीं। गनपत ने हारकर आर्यसमाज के मंत्री के पास अरजी दी। लेकिन तब तक परबतिया का बाप परिवार सहित गाँव छोड़कर भाग गया था।

गनपत फिर लौटकर घर नहीं गया, गाँव नहीं गया। माँ-बाप, भा[illegible]-बहन, कुटुंब-परिवार, गाँव-समाज—सबसे 'नेह-छोह' तोड़कर 'देस' और 'दस' के काम में लग गया। जहाँ कहीं भी सभा होती, गनपत सबसे पहले हाथ में खँजड़ी लेकर गीत शुरू कर देता—'हिंदुओ! दिल में सोचो-विचारो ज़रा—अपने भाई से नफरत...।'

और सन तीस में इसी गीत को गाने के अपराध में वह पकड़ा गया, जेल गया, सजा भोगी। उसी बार जेल में ही 'सरमा जी' की कृपा से वह कॉमरेड हो गया...।

सरमा जी ने उसकी 'टीक' को दाढ़ी बनानेवाली 'पत्ती' से कतर दिया था, और जनेऊ को उतारकर पैजामा में फँसा दिया था। और बोले थे, "आज से तुम कॉमरेड गनपत। सिंघ-उंघ कुछ भी नहीं। सिर्फ कॉमरेड...।"

याद है, बावनदास और चुन्नीदास ने मिलकर गनपन को कितना 'धिक्कारा' था! मगर वह टस-से-मस नहीं हुआ। उसने बावनदास को चिढ़ाने के लिए सरमा जी से सीखा हुआ सवाल पेश कर दिया था—"बावनदास जी, चर्खा चलाने और बकरी का दूध पीने से सुराज कैसे मिलेगा, समझा दीजिए ज़रा!"

जेल से निकलने के बाद सारे जिले में गनपत ही अकेला 'पाटी कॉमरेड' रहा कई वर्षों तक। एक ही साल में बिहार प्रांत के कई 'किसान फ्रंट' और मजदूर-मोर्चों पर पहुँचकर गनपत ने मेहनतकशों की लड़ाई में साथ दिया, नारा लगाया, धरना दिया, खँजड़ी बजाकर गीत गाए, अछूतोद्धार के बदले सरमा जी का सिखाया हुआ 'अंतर्राष्ट्रीय-गीत' गाया—'उग रहा है आफ़ताब लाल-लाल आफ़ताब...जाग रे किसान भाई, जाग! जाग रे मजदूर भाई, जाग...!'

वैष्णव माँ-बाप का बेटा गनपत! जन्म से ही वैष्णव था। जिसको कहते हैं 'गर्भदास'। सो सरमा जी ने जब परीक्षा ली तो वह खरा उतरा।...मुर्गी का अंडा नहीं, बिना किसी घृणा और संकोच के वह 'मुर्गमुसल्लम' खा गया था। सरमा जी बोले थे, "शाबाश कॉमरेड! तुम जन्मजात इन्कलाबी हो!"

स्कूल-कॉलेज के फेलियर लौंडे-लड़ेंगड़े क्या समझेंगे कि कॉमरेडशिप किसको कहते हैं?...डेहरी ऑफिस में सात साथियों के बीच बस दो पाजामे, तीन हाफ-पैंट

और एक ही धोती । और उसी में सभी साथी मजे में काम चला लेते थे । सप्ताह-भर सत्तू घोलकर पीते थे, प्रेम से मिल-जुलकर । ''' अब तो हर रैली के समय पत्तल पर ही 'इन्कलाब' छेड़ देते हैं साथी लोग–''यह क्या बात है ? खाने के समय कोई खाए पुआ-पूड़ी, कोई भूजा फाँके ? अन्याय है ! जुल्म है !''

आज किसी साथी से सभा का ऐलान करने को कहिए, बिना जीप और लाउडस्पीकर के । तुरत तमककर जवाब देगा, ''हम क्या 'भोलटियर' हैं ?'' अपनी पार्टी की सभा का ऐलान करने में इन्हें लाज आती है । पार्टी का झंडा कंधे पर लेकर चलने में इज्जत चली जाती है । गनपत ने अकेले ढोल बजाकर मुनादी और ऐलान किया है–''भाइयो ! देस की गरीबी को दूर करने के लिए पूँजीवाद का खात्मा करके किसानों और मजदूरों का राज कायम करने के लिए, आज चार बजे दिन में''' !''

और गनपत नहीं होता तो उस गाँव में यह 'शहीद किसान आश्रम' कभी खुलता भी ? तीन-तीन नामी जुल्मी और जालिम जमींदारों के इस खूनियाँ इलाके में किसी पार्टी का 'वर्कर' कभी खाँसी करने के लिए भी नहीं आता था–डर के मारे। दिन-दहाड़े मारकर लाश को गायब कर देनेवाले तीनों जमीदारों की आठ सौ एकड़ जमीन पर 'बकाश्त-संघर्ष' छेड़ने का प्रस्ताव पास करके 'पार्टी' चुपचाप महीनों बैठी रही। न किसी बहादुर कॉमरेड का कदम कभी आगे बढ़ा, और न कोई क्रांतिकारी किसान आगे आया । तब गनपत ने ही बीड़ा उठाया था । ''' जमींदार के सिपाहियों ने अपनी समझ में उसको मारकर फेंक दिया था। मगर गनपत मरते-मरते जी गया था। होश में आते ही वह अस्पताल में नारे लगाने लगा था–'बकाश्त आंदोलन जिंदाबाद ! बिसनपुर के किसान जिंदाबाद !' यदि गनपत उस दिन घायल होकर अस्पताल नहीं पहुँचता तो मामला 'बकाश्त बोर्ड' में कभी नहीं जाता । ''' आठ सौ एकड़ जमीन भुफ्त में जीतने के बाद बिसनपुर के किसानों ने दो एकड़ जमीन मिल-जुलकर आश्रम खोलने के लिए दिया–सो भी बहुत कहने-सुनने और 'धिक्कारने' पर ।

आश्रम जब से खुला है, जिले-भर के कॉमरेड शुरू अगहन में ही बोरे-बोरियाँ लेकर पहुँच जाते हैं–धान वसूली के लिए । किसी को बहिन की शादी मेंमदद चाहिए, किसी को 'घर-खर्च' के लिए । गनपंत को एक ही साथ अपने इलाके की लाज और पार्टी-कॉमरेडों की इज्जत रखनी पड़ती है ।

जिले-भर में बस यही एक क्षेत्र है, जहाँ से पार्टी का उम्मीदवार विधानसभा के लिए विजयी हुआ–सिर्फ इसी आश्रम की महिमा से ।

लालटेन भुकभुकाकर बुझ गई। गनपत के मन में अचानक 'निरगुन' की एक कड़ी गूँज गई—तेरो जनम अकारथ जाए मूरख···!

गनपत ने सपने में देखा—चोर 'पाटी' ऑफिस का बक्सा उठाकर भागा जा रहा है। उसने जोर से पुकारने की चेष्टा की—चो—ओ—ओ—ओ! चो—चो—चो···!

गनपत का सपना झूठ नहीं, सच साबित हुआ।

सुबह कॉमरेड चंद्रिका जी ने आकर महाअशुभ समाचार सुनाया—''पार्टी दो टुकड़ों में बँट गई।''

गनपत को लगा, कॉमरेड चंद्रिका के मुँह से निकली हुई बात से वज्रपात कर दिया। कागजात, चंदा-बही, रसीद वाउचर, मोहर—सबकुछ गायब। गनपत ने कहा, ''कल पहली पहर रात में कॉमरेड बलराम आए थे···।''

गनपत की बात पूरी भी नहीं हो पाई थी कि कॉमरेड चंद्रिका ने उसके गाल पर कसकर तमाचा जड़ दिया। वह तिलमिलाकर कुछ कहना चाहता था, मगर कॉमरेड चंद्रिका चिल्लाने लगा—''आखिर आपको यहाँ किस काम के लिए रखा गया है? चंदा वसूल कर पेट पालने के लिए सिर्फ? आप जानते नहीं थे कि बलराम डिसिडेंट, माने बागी मेंबरों के साथ है? ऐं?''

''नहीं जानता था,'' गनपत ने सीधा और सही जवाब दिया, ''कौन बागी है, और कौन दागी, यह मुझे क्या मालूम?''

''आप गद्दार हैं,'' चंद्रिका ने उँगली उठाकर पिस्तौल का निशाना लेने के लहजे में कहा, ''आपने पार्टी के साथ गद्दारी की है। आप मक्कार हैं!''

एक-से-एक तेज और नुकीली गाली गनपत की देह में धँसती जा रही है। आसपास गाँव-भर के लोग—औरत-मर्द—जमा हो गए हैं। ···गद्दार, मक्कार! फटकार!

कॉमरेड चंद्रिका ने चलते समय चेतावनी दी, ''इसका नतीजा बाद में जो कुछ भी हो, मैं अभी आपको बरखास्त करता हूँ। चले जाइए···!''

कॉमरेड चंद्रिका के जाते ही कॉमरेड बलराम अपने नए साथियों के साथ आया। गनपत की डबडबाई हुई आँखें झरने लगीं।

बलराम ने कहा, ''कॉमरेड गनपत, रोइए मत। बहादुरी से इन डिक्टेटरशाहों का मुकाबला करना होगा। पेटी-बुर्जुआ के बच्चों ने पार्टी को अपनी जमींदारी समझ लिया था।''

गनपत ने भर्राई हुई आवाज में कहा, ''कॉमरेड बलराम जी, आपने ऐसा काम क्यों किया? यदि जानता कि आप पार्टी आफिस से सामान लेने आए हैं, तो हरगिज···।''

बलराम के बदले में इस बार बोला अकाल महतो का अधपगला बेटा सुधीर महतो, ''गनपत जी, आप डूबकर पानी पीते हैं, और समझते हैं कि बात छिपी हुई है। पार्टी ऑफिस दिन-रात बेवा-मुसम्मात के साथ इश्कबाजी करने के लिए नहीं बना है।''

गनपत अब बेपानी हो गया। आम जनता के बीच उसकी इज्जत उतर गई। उसको नंगा कर दिया सुधीर महतो ने। वह गद्दार है, मक्कार है, बदचलन है। अब क्या रह गया है देखने-सुनने को!

बलराम ने जाते समय लाल रंग के पर्चों का एक बंडल देकर कहा, ''आज हाट में, स्टेशन पर, हर जगह यह पर्चा बँट जाना चाहिए। समझे?''

गनपत अपनी झोंपड़ी के अंदर चला गया और बिछावन पर कटे हुए पेड़ की तरह गिर पड़ा। उसकी देह के रोम-रोम में गालियाँ गड़ रही थीं। उसने लाल पर्चे को टटोलकर पढ़ना शुरू किया। पार्टी के कई बड़े लीडरों ने जनता को सावधान किया है–'किसान-मजदूरों के नाम पर, पूँजीपतियों की थैली से पार्टी चलानेवाले धोखेबाजों से होशियार…!'

इससे आगे एक शब्द भी नहीं पढ़ सका वह। गाली-गलौज, कीचड़-गोबर!… सब गुड़-गोबर!

गनपत के पेट में पित्त का प्रकोप शुरू हुआ। अब 'बाय' भी जोर मारेगा। हाँ, मिचली आने लगी।

कौन असली, कौन नकली? कॉमरेड चोरघड़े या कॉमरेड जादव? पिछले साल प्रांतीय किसान सभा का सभापतित्व करने आए थे चोरघड़े जी। स्वागत-भाषण में जादव जी ने उनकी कितनी तारीफ की थी!… सब झूठ? और चोरघड़े जी ने बिहार की पार्टी को देशद्रोहियों का दल कह दिया है इस पर्चे में।

गनपत ने तय किया कि वह पटना जाएगा, दिल्ली जाएगा। हर जगह के बड़े और छोटे साथियों से मिलकर बातें करेगा, रोएगा, कलपेगा, जनता की दुर्दशा की कहानियाँ सुनाएगा। खँज़ड़ी बजाकर गीत गाएगा–भैया, झगड़ न जाहु कचहरिया…!

जादव जी और चोरघड़े केंद्रीय पार्टी ऑफिस के सामने लड़ रहे हैं। तलवार लेकर एक-दूसरे पर हमला करते हैं, और गनपत उन दोनों के बीच जाकर खड़ा हो जाता है।–'सांति, सांति!' मगर दोनों की तलवार गनपत की गर्दन पर।

गनपत की आँखों के आगे पंद्रह साल पहले देखे हुए किसी नाटक का दृश्य उपस्थित हुआ, फिर बिला गया। उसकी देह रह-रहकर सिहरने लगी। मलेरिया बुखार चढ़ने के पहले ऐसी ही सिहरन और कँपकँपी देह को झिंझोड़ जाती है।

गनपत ने कंबल ओढ़ लिया, कै किया, सौंफ की बुकनी मुँह में डालकर लेट गया। सिहरन के बाद तेज बुखार के साथ 'बाय'। वह बकने लगा। चालीस साल के बाद—देश से मलेरिया उन्मूलन के बाद गनपत पहली बार बीमार पड़ा है। इस बीच कभी सिरदर्द भी नहीं हुआ। उसके मुँह से पहली करुण पुकार निकली—"मैया—गे-ए-ए-ए! पारबती—ई-ई-ई!"

उसने देखा, सरमा जी आए हैं, हाथ में लाल-लाल सेब और नारंगी लेकर। फल का रस निकालकर गनपत से कहते हैं—'पी लो, कॉमरेड! कलेजा ठंडा हो जाएगा।' गनपत एक घूँट पीता है। उसका गला जलने लगता है। कड़वा जहर!

परबतिया आई। पैताने में बैठकर पाँव सहलाने लगी। मगर गनपत के बड़े भाई और बाबू जी हाथ में भाला लेकर आए, और आँखें तरेरने लगे।

रेशम मजदूर यूनियन भागलपुर की हड़ताल! गनपत खँजड़ी बजाकर जुलूस के आगे गा रहा है—'दुनिया के मजदूरो, एक हो···!'

पुलिस आँसू-गैस छोड़ती है। घुड़सवार सिपाही घोड़े को दौड़ाता, हड़तालियों को चाबुक से पटापट पीटता, रौंदता, धूल उड़ाता हुआ चला जाता है।

गनपत जेल के एक गंदे सेल में पड़ा हुआ है। सिर पर पट्टी बँधी हुई है। परबतिया—परबतिया—परबतिया-पारो-ओ-ओ···!

सात दिन सताने के बाद 'सतैया बुखार' उतर गया। अस्पताल के डॉक्टर साहब ने जी-जान से इलाज किया। कुसमी कह रही थी—"दो-दो 'जकशैन' एक साथ देते थे डागडर बाबू।" और इसी डॉक्टर के खिलाफ गनपत ने, बलराम के कहने पर, पर्चा छपाकर बँटवाया था—बिसनपुर अस्पताल के जुल्मी डॉक्टर को जल्दी बरखास्त करो!

सिर्फ सात दिन का बुखार नहीं, गनपत को लगता है, पैंतीस साल से चढ़ा हुआ ज्वर आज उतरा है। इतने दिनों तक एक 'अंध सुरग' में वह चल रहा था—बेमतलब, बेकार, अकारथ।

कुसमी गरम दूध में धान का लावा डालकर ले आई। "डागडर साहब बोले हैं कि 'पथ' में माँगुर मछली चाहिए। सोभिन को भेज दिया है। साँझ होते-होते एकाध सेर मछली जरूर ले आवेगा।"

फिर कुसमी बोली, "सात दिन में गाँव का बच्चा-बच्चा आकर देख गया, कुसल पूछ गया। मगर कोई 'साथी कामरेट' झाँकी मारकर देखने के लिए भी नहीं आया। कल बलराम बाबू आकर कह गए हैं कि 'गनपत को अपने घर ले जाओ। पाटी

आफिस खाली कर दो। उसको बरखास्त कर दिया गया है'।"

परिवार, जाति, धर्म, समाज, सरकार और हर अन्याय, अत्याचार से हमेशा लड़नेवाला लड़ाकू गनपत आज अखाड़े में हारे हुए पहलवान की तरह पड़ा हुआ है। सभी उसकी पीठ पर एक लात लगाकर, गाली देकर चले जाते हैं।···पैंतीस साल तक साधु-संन्यासियों की तरह लँगोटबंद रहकर, जीभ-मुँह और मन में लगाम लगाकर, उसने पब्लिक का काम किया। किसी का एक तिनका न चुराया, न पार्टी का एक पैसा गोलमाल किया। माँ-बाप, भाई-बहन, गाँव समाज और परबतिया से भी बढ़कर पार्टी और पार्टी के झंडे को प्यार किया। सब बे-का-र···!

गनपत को लगता है कि चाँद-सूरज में भी दरार पड़ गई है। दुनिया की हर चीज दो भागों में बँटी हुई-सी लगती है। हर आदमी के दो टुकड़े, दो मुखड़े और दरका हुआ दिल।

जिन बातों को आज तक पूँजीपतियों और साम्राज्यवादियों और जंगबाजों की बात समझकर अनसुनी कर देता था, आज वे ही बातें बार-बार याद आती हैं–

'गनपत, तुम्हारे लीडर लोग, यानी तुम्हारी पार्टी, जाति और धर्म को अफीम कहती है। मगर तुम्हारे लीडर लोग अपने बच्चे-बच्चियों की शादी किसी दूसरी जाति में क्यों नहीं करते? लड़के की शादी में कॉमरेड रामलगन सरमा ने पचीस हजार रुपए तिलक में गिनवा लिया। तुम्हारे लीडरों के बच्चे दार्जिलिंग और देहरादून में पढ़ते हैं। तुम्हारे सेक्रेटरी की बीवी कांग्रेसी मिनिस्टर होने के लिए जाति की गुटबंदी करती है। तुम्हारे तूफान जी ने मिल-मालिक से मिलकर मजदूरों की गरदन पर छुरी···!'

गनपत के सामने एक-से-एक बड़े कॉमरेड की तसवीर उभरती है–चोरघड़े जी, जादव जी, गोपाल जी, सिनहा साहेब, ठाकुर जी, तूफान जी। सभी तसवीरों के मुँह से बस एक ही बात निकली है–"हम गलत रास्ते पर थे···।"

एक अंध-सुरंग से बाहर निकलकर गनपत बेदम पड़ा हुआ है। उसके पीले मुखड़े पर उसकी खिचड़ी मूँछ लटकी हुई हैं।···पैंतीस साल तक वह गलत रास्ते पर गलत दिशा की ओर चलता रहा। न जाने उसने कितनी गलतियाँ कीं! न जाने कितने लोगों को गुमराह किया!

यदि परबतिया का पेट गिराया न जाता तो उसकी संतान पैंतीस साल की होती। यदि बेटा होता तो बलराम की उम्र का होता अब।

परबतिया को उसने धोखा दिया। पहली गलती, जिसका फल वह आज तक भोग रहा है।

कुसमी पिछले पाँच साल से गनपत से प्रेम-भाव का बरताव करती है। गनपत

सबकुछ समझकर भी कुछ नहीं समझने का भाव दिखलाता है। मगर बेवा कुसमी सतीनारी की तरह टुकुर-टकुर उसका मुँह देखती रहती है। तिस पर अकालू महतो का पियक्कड़ बेटा ताना मार गया—बेवा-मुसम्मात के साथ इश्कबाजी…।

कुसमी भरथा नाई को बुला लाई। हजामत बनाते समय कुसमी ने कहा, ''मूँछ भी छाँट दो। दूध-बार्ली पीते समय 'लस्टम-पस्टम' हो जाती है…।''

आलू का भुर्ता और गरम भात खाकर मुँह का कसैलापन दूर हुआ। सौंफ की बुकनी मुँह में डालकर, उसने आईने में अपना मुखड़ा देखा।… आश्चर्य! उसका मुँह ठीक उस मरियल घोड़े की तरह लंबा हो गया है, जिसके (पैंतीस साल पहले) अगले दोनों पैरों को 'छान' कर कसाई मालिक ने छोड़ दिया था। जमीन पर लेटा हुआ, 'हुकुर-हुकुर' करके साँस लेता हुआ, टाँगों को झटकारता! कौओं ने जिसकी देह में न जाने कितने घाव कर दिए थे। पर परबतिया हँसिया लेकर दौड़ी गई थी। पैरों के बंधन कट जाने के बाद, 'मरतुहार' घोड़ा बैठ गया था, सिर झुकाकर। फिर धीरे-धीरे धरती को सूँघने लगा था…।

गनपत ने धीरे-धीरे अपने पैर फैलाए।

बाहर कॉमरेड चंद्रिका की आवाज सुनाई पड़ी। एक लाल पगड़ीवाले सिपाही ने झाँककर अँगनाई की ओर देखा और बोला, ''चपरासी साहेब तऽ होने चटाई पर पैर पसार के पसरल बाड़न।''

थाने के दारोगा और सिपाही को देखकर गनपत की खाली, खोखली काया में कुछ भरने लगा। उसकी शिराओं में झनझनाहट शुरू हो गई। उसने एक बार कॉमरेड चंद्रिका की ओर देखा। दारोगा साहेब ने कहा, ''देखो जी गनपत, तुम आश्रम के चपरासी हो न?''

''तुम-ताम मत बोलिए। मैं चपरासी नहीं किसी का।''

दारोगा ने चंद्रिका की ओर देखा।

चंद्रिका जी बोले, ''देखो गनपत, दारोगा साहब आश्रम पर दफा 144 लगाने आए हैं। तुम…!''

गनपत अब अच्छी तरह सँभल चुका था। उसने स्वस्थ और निडर स्वर में जवाब दिया—''यहाँ आश्रम कहाँ है? यह मेरा घर है। मेरी जमीन है। यह सार्वजनिक सम्पत्ति नहीं, किसी की पार्टी-बंदी का अखाड़ा नहीं।''

पुलिस का सिपाही अँगनाई की ओर झाँककर कुछ देख रहा था। गनपत ने कड़ककर कहा, ''एक सिपाही जी, उधर 'जनाना हवेली' में क्या ताक-झाँक कर रहे हैं? नौकरी भारी हुई है क्या?…''

दारोगा ने पूछा, ''तुम…तुम्हारे…आपके पास कोई सबूत है?''

"सबूत ! कैसा सबूत ? कागजी या जुबानी ? गवाही ? ...सोभित की माँ, मेरी झोली इधर दे जाना ।"

शोभित की माँ, यानी कुसमी घूँघट काढ़कर, बाहर आई। गनपत झोली से अपना 'पोथी-पत्तर' निकालने लगा–" 'मार्क्सवाद की मोटी बातें', 'किसानों और मजदूरों के गीत', 'ज़ालिम जमीदरवा...' गीत, बैजवाड़ा का मशहूर प्रस्ताव, तैलंगाना की लाल भवानी, शहीद फिल्म के गाने, 'देश के दुश्मन', गनतंत्र... यह लीजिए कागजी सबूत। और जुबानी गवाही? गाँव के बच्चे-बच्चे से पूछ लीजिए।"

दारोगा साहब ने दस्तावेज के मुड़े हुए पन्नों को सीधा करके शुरू से अंत तक पढ़ा। फिर मुसकराकर, चंद्रिका जी की ओर देखने लगे, "यह तो ठीक ही कहता... कहते हैं। जमीन-जायदाद सब इन्हीं के नाम से रजिस्टरी हुआ है।"

चंद्रिका जी अब चिल्लाने लगे–"बेईमान कहीं का! 'पब्लिक प्रापर्टी' को हड़पना चाहता है ? देखना है कि तुम..."

गनपत उठकर खड़ा हो गया। "पब्लिक का नाम मत लो चंद्रिका, पब्लिक अंधी नहीं, सबकुछ देखती है, समझती है। अपने 'स्वारथ' के लिए पाटी को टुकड़े-टुकड़े करनेवाले... !"

कुसमी अंदर से ही बोली, "इन लोगों के मुँह लगने की क्या जरूरत ? डागडर साहब ने मना किया है न ! ...'लड़ि मरे बरदा, और बैठा खाए तुरंग'।"

किंतु गनपत ने तब तक नारा बुलंद कर दिया था–"इनकिलाब, जिंदाबाद ! ... फूटपरस्तो, मुर्दाबाद ! ... पाटी के दुश्मन सफेदपोश !"

एकत्रित भीड़ में तुरंत उत्तेजना की लहर दौड़ गई। लोगों ने गनपत के साथ नारा लगाना शुरू किया तो दारोगा साहब जल्दी से बाहर चले गए। उन्होंने चंद्रिका से अंग्रेजी में कुछ कहा।

सिपाही ने घबराकर कहा, "हुजूर, यह पार्टीवालों का घरेलू झगड़ा है। अब यहाँ ठहरिएगा तो मामला बिगड़ जाएगा।"

दारोगा और चद्रिका के जाने के बाद एकत्रित लोगों ने जय-जयकार किया, 'बोलिए एक बार प्रेम से–गनपत जी की जै ! किसानों के नेता–गनपत जी ! मजदूरों के नेता–गनपत जी ! गनपत जी जिंदाबाद ! जो हमसे टकराएगा, चूर-चूर हो जाएगा !'

पैंतीस साल में पहली बार अपनी 'जय' और जिंदाबाद के नारे सुनकर गनपत का दिल उमड़ आया।

कोलाहल और कलरव के बीच किसी ने भाषण देना शुरू कर दिया—''भाइयो, इस बार ग्राम-पंचायत के चुनाव में; मुखिया के चुनाव में, इन लंबे कुरते और पाजामेवाले फोकटिया बाबुओं के छक्के छुड़ा दो।···आज रात यहाँ खूब धूम से 'किसान कीर्तन' होना चाहिए।''

जब सभी चले गए, और एकांत हुआ, तो गनपत ने झोंपड़ी के अंदर से आवाज दी—''सोभित की माँ!···ज़रा इधर आना।''

कुसमी अंदर गई। गनपत का चेहरा देखकर वह डरी—फिर बुखार आ गया क्या? उसने गनपत के कपाल पर हाथ धरा। गनपत ने कुसमी की कलाई पकड़ ली। उसके ओंठ थरथराए। उसने कुसमी के चेहरे को अपने मुँह के पास खींच लिया। काँपती हुई आवाज में बोला, ''कुसुम,···लेकिन यह पाप है, अन्याय है। पब्लिक की संपत्ति, पाटी की जमीन···आश्रम में···यह पाप—यह घोर पाप है···!''

कुसमी को भुने हुए सौंफ की गंध बहुत भली लगी। वह मान-भरे स्वर में बोली, ''कैसा पाप? चंद्रिका बाबू ने पार्टी के चंदे से पुरैनियाँ में पुख्ता घर बनवा लिया। रामलगन बाबू ने जमींदारों से घूस लेकर गरीब रैयतों के मुकदमों को खराब कर दिया। सो···।''

''कुसुम, लोग कुछ भी करें। मुझसे यह पाप-कर्म नहीं होगा। तुम मुझे···तुम मुझे जिलाना चाहती हो तो अपनी झोंपड़ी में ले चलो।''

कुसमी ने कुछ क्षण गनपत की डबडबाई हुई आँखों और तमतमाए हुए चेहरे को देखा। फिर बोली—''और···यह आश्रम?''

''मैं जमीन वापस दे दूँगा लोगों को। दस जन की दी हुई चीज 'धर्मदा' होती है। इसे अकेला भोगनेवाला कभी सुख-चैन से नहीं रह सकता।···और अब मुझसे पब्लिक का काम नहीं हो सकेगा। जब पाटी ही टूट गई···!''

वह बच्चों की तरह हिचकियाँ लेकर रोने लगा।

कुसमी अपने गंदे आँचल से गनपत के आँसू पोंछती हुई बोली—''रोइए मत।''

गनपत ने कुसमी को छाती से चिपका लिया।···आह! पैंतीस साल के बाद औरत की छाती की गरमी उसकी देह में पहली बार आँधी की तरह समा गई। उसने कुसमी के काले-काले ओंठों को चूमने के लिए मुँह बढ़ाया, किंतु रुक गया।

''नहीं कुसमी, यहाँ नहीं···। यहाँ नहीं···चलो अपने घर। यहाँ एक क्षण भी रहने का मुझे अधिकार नहीं।''

कुसुम उठ खड़ी हुई। गनपत का हाथ पकड़कर उठाते हुए बोली—''चलो।''

''माँ! मैया! देख, कितनी मछली ले आया हूँ!''

शोभित ने बाँस की टोकरी सामने रख दी। काली-काली माँगुर मछलियाँ

छलमलाने लगीं।

कुसमी बोली–"मछली का सगुन सुभ होता है।"

गनपत हँसा।

कुसमी ने अपने इकलौते जवान बेटे से कहा–"बबुआ, तुम काका को सहारा देकर ले चलो। मैं बिछावन समेटकर ले आती हूँ।"

शोभित ने अपनी माँ का मुँह देखते हुए कहा–"कहाँ ?"

गनपत बोला–"जहाँ तुम्हारा जी चाहे, बेटा !"

गनपत ने एक बार उलटकर देखा। पाटी का झंडा बदरंग होकर भी फड़फड़ा रहा है, हवा में। उसे लगा कि वह खुद पाटी का झंडा है, जिसे शोभित कंधे पर ढोकर ले जा रहा है···।

एक आदिम रात्रि की महक

···न···करमा को नींद नहीं आएगी।

नए पक्के मकान में उसे कभी नींद नहीं आती। चूना और वार्निश की गंध के मारे उसकी कनपटी के पास हमेशा चौअन्नी-भर दर्द चिनचिनाता रहता है। पुरानी लाइन के पुराने 'इस्टिसन' सब हजार पुराने हों, वहाँ नींद तो आती है।···ले, नाक के अंदर फिर सुड़सुड़ी जगी ससुरी···!

करमा छींकने लगा। नए मकान में उसकी छींक गूँज उठी।

"करमा, नींद नहीं आती ?" 'बाबू' ने कैंप-खाट पर करवट लेते हुए पूछा।

गमछे से नथुने को साफ करते हुए करमा ने कहा–"यहाँ नींद कभी नहीं आएगी, मैं जानता था, बाबू !"

"मुझे भी नींद नहीं आएगी," बाबू ने सिगरेट सुलगाते हुए कहा–"नई जगह में पहली रात मुझे नींद नहीं आती।"

करमा पूछना चाहता था कि नए 'पोख्ता' मकान में बाबू को भी चूने की गंध

लगती है क्या ? कनपटी के पास दर्द रहता है हमेशा क्या ? ···बाबू कोई गीत गुनगुनाने लगे । एक कुत्ता गश्त लगाता हुआ सिगनल-केबिन की ओर से आया और बरामदे के पास आकर रुक गया । करमा चुपचाप कुत्ते की नीयत को ताड़ने लगा । कुत्ते ने बाबू की खटिया की ओर थुथना ऊँचा करके हवा में सूँघा । आगे बढ़ा । करमा समझ गया—जरूर जूता-खोर कुत्ता है, साला ! ···नहीं, सिर्फ सूँघ रहा था । कुत्ता अब करमा की ओर मुड़ा । हवा सूँघने लगा । फिर मुसाफिरखाने की ओर दुलकी चाल से चला गया ।

बाबू ने पूछा—"तुम्हारा नाम करमा है या करमचंद या करमू ?"

···सात दिन तक साथ रहने के बाद, आज आधी रात के पहर में बाबू ने दिल खोलकर एक सवाल के जैसा सवाल किया है ।

"बाबू, नाम तो मेरा करमा ही है । वैसे लोगों के हजार मुँह हैं, हजार नाम कहते हैं । ··· निताय बाबू कोरमा कहते थे, घोस बाबू करीमा कहकर बुलाते थे, सिंघ जी ने ब दिन कामा ही कहा और असगर बाबू तो हमेशा करम-करम कहते थे । खुश रहने पर दिल्लगी करते थे—हाय मेरे करम ! ···नाम में क्या है, बाबू ? जो मन में आए कहिए । हजार नाम··· !"

"तुम्हारा घर संथाल परगना में है, या राँची-हजारीबाग की ओर ?"

करमा इस सवाल पर अचकचाया, ज़रा ! ऐसे सवालों के जवाब देते समय वह रमता-जोगी की मुद्रा बना लेता है । 'घर ? जहाँ धड़, वहाँ घर । माँ-बाप—भगवान जी !' ···लेकिन, बाबू को ऐसा जवाब तो नहीं दे सकता !

···बाबू भी खूब हैं । नाम का 'अरथ' निकालकर अनुमान लगा लिया—घर संथाल परगना या राँची-हजारीबाग की ओर होगा, किसी गाँव में ? करमा-पर्व के दिन जन्म हुआ होगा, इसीलिए नाम करमा पड़ा । माथा, कपाल, होंठ और देह की गठन देखकर भी··· ।

···बाबू तो बहुत 'गुनी' मालूम होते हैं । अपने बारे में करमा को कुछ मालूम नहीं । और बाबू नाम और कपाल देखकर सबकुछ बता रहे हैं । इतने दिन के बाद एक बाबू मिले हैं, गोपाल बाबू जैसे !

करमा ने कहा—"बाबू, गोपाल बाबू भी यही कहते थे ! यह 'करमा' नाम तो गोपाल बाबू का ही दिया हुआ है !"

करमा ने गोपाल बाबू का किस्सा शुरू किया—"···गोपाल बाबू कहते थे, आसाम से लौटती हुई कुली-गाड़ी में एक 'डोको' के अंदर तू पड़ा था, बिना 'बिलटी-रसीद' के ही··· लावारिस माल ।"

···चलो, बाबू को नींद आ गई । नाक बोलने लगी । गोपाल बाबू का

किस्सा अधूरा ही रह गया।

···कुतवा फिर गस्त लगाता हुआ आया। यह कातिक का महीना है न! ससुरा पस्त होकर आया है। हाँफ रहा है। ···ले, तू भी यहीं सोएगा? ऊँह! साले की देह की गंध यहाँ तक आती है--धेत्त! धेत्त!

बाबू ने जगकर पूछा, ''हूँ-ऊ-ऊ! तब क्या हुआ तुम्हारे गोपाल बाबू का?''

कुत्ता बरामदे के नीचे चला गया। उलटकर देखने लगा। गुर्राया। फिर, दो-तीन बार दबी हुई आवाज में 'बुफ-बुफ' कर ज़नाने मुसाफ़िरखाने के अंदर चला गया, जहाँ पैटमान जी सोता है।

''बाबू, सो गए क्या?''

···चलो, बाबू को फिर नींद आ गई! बाबू की नाक ठीक 'बबुआनी आवाज़' में ही 'डाकती' है! ···पैटमान जी तो, लगता है, लकड़ी चीर रहे हैं!–गोपाल बाबू की नाक बीन-जैसी बजती थी–सुर में!!···असगर बाबू का खर्राटा···सिंघ जी फुफकारते थे और साहू बाबू नींद में बोलते थे–'ए, डाउन दो, गाड़ी छोड़ा···!'

···तार की घंटी! स्टेशन का घंटा! गार्ड साहब की सीटी! इंजिन का बिगुल! जहाज़ का भोंपा!–सैकड़ों सीटियाँ···बिगुल···भोंपा···भों-ओं-ओं-ओं···!

–हजार बार, लाख बार कोशिश करके भी अपने को रेल की पटरी से अलग नहीं कर सका, करमा। वह छटपटाया। चिल्लाया, मगर जरा भी टस-से-मस नहीं हुई उसकी देह। वह चिपका रहा। धड़धड़ाता हुआ इंजिन गरदन और पैरों को काटता हुआ चला गया।···लाइन के एक ओर उसका सिर लुढ़का हुआ पड़ा था, दूसरी ओर दोनों पैर छिटके हुए! उसने जल्दी से अपने कटे हुए पैरों को बटोरा–अरे, यह तो एंटोनी 'गाट' साहब के बरसाती जूते का जोड़ा है! गम-बूट!···उसका सिर क्या हुआ? ···धेत्त, धेत्त! ससुरा नाक-कान चबा रहा है···!

''करमा!''

–धेत्त-धेत्त!

''उठ करमा, चाय बना?''

करमा धड़फड़ाकर उठ बैठा। ···ले, बिहान हो गया। मालगाड़ी को 'थुरू-पास' करके, पैटमान जी हाथ में बेंत की कमानी घुमाता हुआ आ रहा है। ···साला! ऐसा भी सपना होता है, भला? बारह साल में, पहली बार ऐसा अजूबा सपना देखा करमा ने।

बारह साल में एक दिन के लिए भी रेलवे-लाइन से दूर नहीं गया, करमा। इस तरह 'एकसिडंटवाला सपना' कभी नहीं देखा उसने !

करमा रेल-कंपनी का नौकर नहीं। वह चाहता तो पोटर, खलासी पैटमान या पानी पाँड़े की नौकरी मिल सकती थी। खूब आसानी से रेलवे-नौकरी में 'घुस' सकता था। मगर मन को कौन समझाए ! मन माना नहीं। रेल-कंपनी का नीला कुर्ता और इंजिन-छाप बटन का शौक उसे कभी नहीं हुआ।

रेल-कंपनी क्या, किसी की नौकरी करमा ने कभी नहीं की। नामधाम पूछने के बाद लोग पेशे के बारे में पूछते हैं। करमा जवाब देता है—'बाबू के 'साथ' रहते हैं।'⋯एक पैसा भी मुसहरा न लेनेवाले को 'नौकर' तो नहीं कह सकते !

⋯गोपाल बाबू के साथ, लगातार पाँच वर्ष ! इसके बाद कितने बाबुओं के साथ रहा, यह गिनकर बतलाना होगा ! लेकिन, एक बात है—'रिलिफिया बाबू' को छोड़कर किसी 'सालटन बाबू' के साथ वह कभी नहीं रहा। ⋯सालटन बाबू माने किसी 'टिसन' में 'परमानंटी' नौकरी करनेवाला—फैमिली के साथ रहनेवाला !

⋯जा रे गोपाल बाबू ! वैसा बाबू अब कहाँ मिले ? करमा का माय-बाप, भाय-बहिन, कुल-परिवार जो बूझिए—सब एक गोपाल बाबू !⋯ बिना 'बिलटी-रसीद' का लावारिस माल था, करमा। रेलवे अस्पताल से छुड़ाकर अपने साथ रखा गोपाल बाबू ने। जहाँ जाते, करमा साथ जाता। जो खाते, करमा भी खाता।⋯लेकिन आदमी की मति को क्या कहिए ! रिलिफिया काम छोड़कर सालटनी काम में गए। फिर, एक दिन शादी कर बैठे। ⋯बौमा⋯गोपाल बाबू की 'फैमली'—राम-हो-राम ! वह औरत थी ? साच्छात चुड़ैल !⋯दिन-भर गोपाल बाबू ठीक रहते। साँझ पड़ते ही उनकी जान चिड़िया की तरह 'लुकाती' फिरती।⋯आधी रात को कभी-कभी 'इसपेसल' पास करने के लिए बाबू निकलते। लगता, अमरीकन रेलवे-इंजिन के 'बायलर' में कोयला झोंककर निकले हैं।⋯करमा 'क्वाटर' के बरामदे पर सोता था। तीन महीने तक रात में नींद नहीं आई, कभी।⋯बौमा 'फों-फों' करती—बाबू मिनमिनाकर कुछ बोलते। फिर शुरू होता रोना-कराहना, गाली-गलौज, मारपीट। बाबू भागकर बाहर निकलते और वह औरत झपटकर माथे का केश पकड़ लेती।⋯तब करमा ने एक उपाय निकाला। ऐसे समय में वह उठकर दरवाजा खटखटाकर कहता—''बाबू, 'इसपेसल' का 'कल' बोलता है⋯।'' बाबू की जान कितने दिनों तक बचाता करमा ?⋯बौमा एक दिन चिल्लाई—''ए छोकरा हरामज़ादा के दूर कोरो। यह चोर है, चो· ओ-ओ-र !''

⋯इसके बाद से ही किसी 'टिसन' के फैमिली क्वाटर को देखते ही करमा के मन

में एक पतली आवाज गूँजने लगती है—चो-ओ-ओ-र ! हरामज़ादा ! फैमिली क्वाटर ही क्यों—जनाना मुसाफ़िरखाना, ज़नाना दर्जा, जनाना⋯जनाना नाम से ही करमा को उबकाई आने लगती है ।

⋯एक ही साल में गोपाल बाबू को 'हाड़-गोड़' सहित चबाकर खा गई, वह जनाना ! फूल-जैसे सुकुमार गोपाल बाबू ! जिंदगी में पहली बार फूट-फूटकर रोया था, करमा ।

⋯रमता-जोगी, बहता-पानी और रिलिफिया बाबू ! हेड-क्वाटर में चौबीस घंटे हुए कि 'परवाना' कटा—फलाने टिसन का मास्टर बीमार है, सिक-रिपोट आया है । तुरत 'जोआयेन' करो । ⋯रिलिफिया बाबू का बोरिया-बिस्तर हमेशा 'रेडी' रहना चाहिए । कम-से-कम एक सप्ताह, ज्यादा-से-ज्यादा तीन महीने से ज्यादा किसी एक जगह में जमकर नहीं रह सकता, कोई रिलिफिया बाबू । ⋯लकड़ी के एक बक्से में सारी गृहस्थी बन्द करके—आज यहाँ, कल वहाँ । ⋯पानीपाड़ा से भातगाँव, कुरैठा से रौताड़ा । फिर, हेड-क्वाटर, कटिहार !

⋯गोपाल बाबू ने ही घोस बाबू के साथ लगा दिया था—'खूब भालो बाबू । अच्छी तरह रखेगा । लेकिन, घोस बाबू के साथ एक महीना से ज्यादा नहीं रह सका, करमा । घोस बाबू की बेवजह गाली देने की आदत ! गाली भी बहुत खराब-खराब ! माँ-बहन की गाली । ⋯इसके अलावा घोस बाबू में कोई ऐब नहीं था । अपने 'समांग' की तरह रखते थे । ⋯घोस बाबू आज भी मिलते हैं तो गाली से ही बात शुरू करते हैं—''की रे⋯करमा ? किसका साथ में है आजकल मादर्च⋯?''

⋯घोस बाबू को माँ-बहन की गाली देनेवाला कोई नहीं । नहीं तो समझते कि माँ-बहन की गाली सुनकर आदमी का खून किस तरह खौलने लगता है । क़िसी भले आदमी को ऐसी खराब गाली बकते नहीं सुना है करमा ने, आज तक ।

⋯राम बाबू की सब आदत ठीक थी । लेकिन—भा-आ-री 'इस्की आदमी ।' जिस टिसन में जाते, पैटमान-पोटर-सूपर को एकांत में बुलाकर घुसुर-फुसुर बतियाते । फिर रात में कभी मालगोदाम की ओर तो कभी जनाना मुसाफिरखाना में, तो कभी जनाना-पैखाना में⋯छिः-छिः⋯जहाँ जाते छुछुआते रहते—'क्या जी, असल-माल-वाल का कोई जोगाड़ जंतर नहीं लगेगा ?'⋯आखिर वही हुआ जो करमा ने कहा था—'माल' ही उनका 'काल' हुआ । पिछले साल, जोगबनी-लाइन में एक नेपाली ने खुकरी से दो टुकड़ा काटकर रख दिया । और उड़ाओ माल !⋯जैसी अपनी इज्जत वैसी पराई !

⋯सिंघ जी भारी 'पुजेगरी' ! सिया सहित राम-लछमन की मूर्ति हमेशा उनकी झोली में रहती थी । रोज चार बजे भोर से ही नहाकर पूजा की घंटी हिलाते रहते ।

इधर 'कल' की घंटी बजती। ...जिस घर में ठाकुर जी की झोली रहती, उसमें बिना नहाए कोई पैर भी नहीं दे सकता था। ...कोई अपनी देह को उस तरह बाँधकर हमेशा कैसे रह सकता है ? कौन दिन में दस बार नहाए और हजार बार पैर धोए ! सो भी, जाड़े के मौसम में ! ...जहाँ कुछ छुओ कि हूँहूँहूँ-हाँहाँहाँ-अरेरेरे– छू दिया न ? ...ऐसे छुतहा आदमी को रेल-कंपनी में आने की क्या जरूरत ? ...सिंघ जी का साथ नहीं निभ सका।

...साहू बाबू दरियादिल आदमी थे। मगर मदक्की ऐसे कि दिन-दोपहर को पचास-दारू एक बोतल पीकर मालगाड़ी को 'थुरूपास' दे दिया और गाड़ी लड़ गई। करमा को याद है, 'एकसिडंट' की खबर सुनकर साहू बाबू ने फिर एक बोतल चढ़ा लिया। ...आखिर डाक्टर ने दिमाग खराब होने का 'साटिफिटिक' दे दिया।

...लेकिन, उस 'एकसिडंट' के समय भी किसी रात को करमा ने ऐसा सपना नहीं देखा !

...न ...भोर-भोर ऐसी कुलच्छन-भरी बात बाबू को सुनाकर करमा ने अच्छा नहीं किया। रेलवे की नौकरी में अभी तुरत 'घुसवै' किए हैं।

...न ...बाबू के मिजाज का टेर-पता अब तक करमा को नहीं मिला है। करीब एक सप्ताह तक साथ में रहने के बाद, कल रात में पहली बार दिल खोलकर दो सवाल-जवाब किया बाबू ने। इसीलिए, सुबह को करमा ने दिल खोलकर अपने सपने की बात शुरू की थी। चाय की प्याली सामने रखने के बाद उसने हँसकर कहा– "हँह बाबू, रात में हम एक अ-जू-ऊ-ऊ-बा सपना देखा। धड़धड़ाता इंजिन ...लाइन पर चिपकी हमारी देह टस-से-मस नहीं ...सिर इधर और पैर दोनों लाइन के उधर ...एंटोनी गाट साहेब के बरसाती जूते का जोड़ा ...गमबोट ...!"

"धेत्त ! क्या बेसिर-पैर की बात करते हो, सुबह-सुबह ? गाँजा-वाँजा पीता है क्या ?"

...करमा ने बाबू को सपने की बात सुनाकर अच्छा नहीं किया।

करमा उठकर ताखे पर रखे हुए आईने में अपना मुँह देखने लगा। उसने 'अ-जू-ऊ-ऊ-बा' कहकर देखा। छिः, उसके होंठ तीतर की चोंच की तरह ...।

"का करमचन ? का बन रहा है ?"

...पानी पाँड़े ? यह पानी पाँड़े भला आदमी है। पुरानी जान-पहचान है इससे, करमा की। कई टिसन में संगत हुआ है। लेकिन, यह पैटमान 'लटपटिया' आदमी मालूम होता है। हर बात में पुच-पुचकर हँसनेवाला।

"करमचन, बाबू कौन जाति के हैं ?"

"क्यों ? बंगाली हैं।"

"भैया, बंगाली में भी साढ़े-बारह बरन के लोग होते हैं।"

"पानी पाँड़े जी, सो तो मैं नहीं जानता। मगर बहुत गुनी-आदमी हैं। आपका नाम का मतलब निकालकर—चेहरा देखकर सबकुछ बता देंगे... लीजिए, घंटी पड़ गई दुबज्जी गाड़ी की, और मेरी तरकारी अभी तक चढ़ी हुई है।"

पानी पाँड़े जाते-जाते कह गया, "थोड़ी तरकारी बचाकर रखना, करमचन!"

...घर कहाँ? कौन जाति? मनिहारी घाट के मस्तान बाबा का सिखाया हुआ जवाब, सभी जगह नहीं चलता—हरि के भजे सो हरि के होई! मगर, हरि की भी जाति थी!...ले, यह घटही-गाड़ी का इंजन कैसे भेज दिया इस लाइन में आज? संथाली-बाँसी जैसी पतली सीटी—सी-ई-ई!!

...ले, फक्का! एक भी पसिंजर नहीं उतरा, इस गाड़ी से भी। काहे को इतना खर्चा करके रेल-कंपनी ने यहाँ टिसन बनाया, करमा की बुद्धि में नहीं आता। फायदा? बस, नाम ही आमदपुरा है—आमदनी नदारद। सात दिन में दो टिकट कटे हैं और सिर्फ पाँच पसिंजर उतरे हैं, तिसमें दो बिना टिकट के। ...इतने दिन के बाद पंद्रह बोरा बैंगन उस दिन बुक हुआ। पंद्रह बैंगन देकर ही काम बना लिया, उस बूढ़े ने। ...उस बैंगनवाले की बोली-बानी अजीब थी। करमा से खुलकर गप करना चाहता था बूढ़ा। घर कहाँ है? कौन जाति? घर में कौन-कौन हैं? ...करमा ने सभी सवालों का एक ही जवाब दिया था—ऊपर की ओर हाथ दिखलाकर! बूढ़ा हँस पड़ा था। ...अजीब हँसी!

...घटही-गाड़ी! सी-ई-ई-ई!!

करमा मनिहारीघाट टिसन में भी रहा है, तीन महीने तक एक बार, एक महीना दूसरी बार। ...मनिहारीघाट टिसन की बात निराली है। कहाँ मनिहारीघाट और कहाँ आमदपुरा का यह पिद्दी टिसन!

...नई जगह में, नए टिसन में पहुँचकर आसपास के गाँवों में एकाध चक्कर घूमे-फिरे बिना करमा को न जाने 'कैसा-कैसा'—लगता है। लगता है, अंध-कूप में पड़ा हुआ है। ...वह 'डिसटन-सिगल' के उस पार दूर-दूर तक खेत फैले हैं। ...वह काला जंगल...ताड़ का वह अकेला पेड़...आज बाबू को खिला- पिलाकर करमा निकलेगा। इस तरह बैठे रहने से उसके पेट का भात नहीं पचेगा। ...यदि गाँव-घर और खेत मैदान में नहीं घूमता-फिरता, तो वह पेड़ पर चढ़ना कैसे सीखता? तैरना कहाँ सीखता?

...लखपतिया टिसन का नाम कितना 'जब्बड़' है! मगर टिसन पर एक 'सत्तू-फरही' की भी दुकान नहीं। आसपास में, पाँच कोस तक कोई गाँव नहीं। मगर, टिसन से पूरब जो दो पोखरे हैं, उन्हें कैसे भूल सकता है करमा? आईना की

तरह झलमलाता हुआ पानी।...बैसाख महीने की दोपहरी में, घटों गले-भर पानी में नहाने का सुख! मुँह से कहकर बताया नहीं जा सकता!

...मुदा, कदमपुरा—सचमुच कदमपुरा है। टिसन से शुरू करके गाँब तक हजारों कदम के पेड़ हैं।...कदम की चटनी खाए एक युग हो गया!

...वारिसगंज टिसन, बीच कस्बा में है। बड़े-बड़े मालगोदाम, हजारों गाँठ-पाट, धान-चावल के बोरे, कोयला-सीमेंट-चूना की ढेरी! हमेशा हजारों लोगों की भीड़! करमा को किसी का चेहरा याद नहीं।...लेकिन टिसन से सटे उत्तर की ओर मैदान में तंबू डालकर रहनेवाले गदहावाले मगहिया डोमों की याद हमेशा आती है।...घाघरीवाली औरतें, हाथ में बड़े-बड़े कड़े, कान में झुमके...नंगे बच्चे, कान में गोल-गोल कुंडलवाले मर्द!...उनके मुर्गे! उनके कुत्ते!

...बथनाहा टिसन के चारों ओर हजार घर बन गए हैं। कोई परतीत करेगा कि पाँच साल पहले बथनाहा टिसन पर दिन-दोपहर को टिटही बोलती थी।

...कितनी जगहों, कितने लोगों की याद आती है!...सोनबरसा के आम... कालूचक की मछलियाँ...भटोतर की दही...कुसियारगाँव का ऊख!

...मगर सबसे ज्यादा आती है मनिहारीघाट टिसन की याद। एक तरफ धरती, दूसरी ओर पानी। इधर रेलगाड़ी, उधर जहाज। इस पार खेत-गाँव मैदान, उस पार साहेबगंज-कजरोटिया का नीला पहाड़। नीला पानी—सादा बालू!...तीन एक, चार! चार महीने तक तीसों दिन गंगा में नहाया है, करमा। चार 'जनम तक' पाप का कोई असर तो नहीं होना चाहिए! इतना बढ़िया नाम शायद ही किसी टिसन का होगा—मनिहार।...बलिहारी! मछुवे जब नाव से मछलियाँ उतारते तो चमक के मारे करमा की आँखें चौंधिया जातीं।

...रात में, उधर जहाज चला जाता—धू-धू करता हुआ। इधर गाड़ी छकछकाती हुई कटिहार की ओर भागती। अजू साह की दुकान की 'झाँपी' बंद हो जाती। तब घाट पर मस्तानबाबा की मंडली जुटती।

...मस्तानबाबा कुली-कुल के थे। मनिहारीघाट पर ही कुली का काम करते थे। एक बार मन ऐसा उदास हो गया कि दाढ़ी और जटा बढ़ाकर बाबा जी हो गए। खंजड़ी बजाकर निरगुन गाने लगे। बाबा कहते—"घाट-घाट का पानी पीकर देखा—सब फीका। एक गंगाजल मीठा...।" बाबा एक चिलम गाँजा पीकर पाँच किस्सा सुना देते। सब बेद-पुरान का किस्सा! करमा ने ग्यान की दो-चार बोली मनिहारीघाट पर ही सीखीं। मस्तान बाबा के सत्संग में। लेकिन, गाँजा में उसने कभी दम नहीं लगाया।...आज बाबू ने झुँझलाकर जब कहा, 'गाँजा-वाँजा पीते हो क्या'—तो करमा को मस्तानबाबा की याद आई। बाबा कहते—हर जगह की अपनी

खुशबू-बदबू होती है !··· इस आमदपुरा की गंध के मारे करमा को खाना-पीना नहीं रुचता।

···मस्तानबाबा को बाद देकर मनिहारीघाट की याद कभी नहीं आती।

करमा ने ताखे पर रखे आईने में फिर अपना मुखड़ा देखा। उसने आँखें अधमुँदी करके दाँत निकालकर हँसते हुए मस्तानबाबा के चेहरे की नकल उतारने की चेष्टा की—'मस्त रहो !··· सदा आँख-कान खोलकर रहो।···धरती बोलती है। गाछ-बिरिच्छ भी अपने लोगों को पहचानते हैं।···फसल को नाचते-गाते देखा है, कभी ? रोते सुना है कभी अमावस्या की रात को ? है··· है··· है—मस्त रहो···।'

···करमा को क्या पता कि बाबू पीछे खड़े होकर सब तमाशा देख रहे हैं। बाबू ने अचरज से पूछा, "तुम जगे-जगे खड़े होकर भी सपना देखता है ?···कहता है कि गाँजा नहीं पीता ?"

सचमुच वह खड़ा-खड़ा सपना देखने लगा था। मस्तानबाबा का चेहरा बरगद के पेड़ की तरह बड़ा होता गया। उसकी मस्त हँसी आकाश में गूँजने लगी ! गाँजे का धुआँ उड़ने लगा। गंगा की लहरें आईं। दूर, जहाज का भोंपा सुनाई पड़ा—भों-ओं-ओं !

बाबू ने कहा, "खाना परोसो। देखूँ, क्या बनाया है ? तुमको लेकर तो भारी मुश्किल है···।"

मुँह का पहला कौर निगलकर बाबू करमा का मुँह ताकने लगे, "लेकिन, खाना तो बहुत बढ़िया बनाया है !"

खाते-खाते बाबू का मन-मिजाज एकदम बदल गया। फिर रात की तरह दिल खोलकर गप करने लगे, "खाना बनाना किसने सिखलाया तुमको ? गोपाल बाबू की घरवाली ने ?"

···गोपाल बाबू की घरवाली ? माने बौमा ? वह बोला, "बौमा का मिजाज तो इतना खट्टा था कि बोली सुनकर कड़ाही का ताजा दूध फट जाए। वह किसी को क्या सिखावेगी ? फूहड़ औरत ?"

"और यह बात बनाना किसने सिखलाया तुमको ?"

करमा को मस्तानबाबा की 'बानी' याद आई, "बाबू, सिखलाएगा कौन ?··· सहर सिखाए कोतवाली !"

"तुम्हारी बीवी को खूब आराम होगा !"

बाबू का मन-मिजाज इसी तरह ठीक रहा तो एक दिन करमा मस्तानबाबा का पूरा किस्सा सुनाएगा।

"बाबू, आज हमको जरा छुट्टी चाहिए।"

''छुट्टी ! क्यों ? कहाँ जाएगा ?''

करमा ने एक ओर हाथ उठाते हुए कहा, ''ज़रा उधर घूमने-फिरने ...।''

पैटमान जी ने पुकारकर कहा, ''करमा ! बाबू को बोलो, 'कल' बोलता है।''

...तुम्हारी बीवी को खूब आराम होगा! ...करमा की बीवी! वारिसगंज टिसन ...मगहिया डोमों के तंबू ...उठती उमेरवाली छौंड़ी ...नाक में नथिया ...नाक और नथिया में जमे हुए काले मैंले ...पीले दाँतों में मिस्सी ! !

करमा अपने हाथ का बना हुआ हलवा-पूरी उस छौंड़ी को नहीं खिला सका। एक दिन कागज की पुड़िया में ले गया। लेकिन वह पसीने से भीग गया। उसकी हिम्मत ही नहीं हुई। ...यदि यह छौंड़िया चिल्लाने लगे कि तुम हमको चुरा-छिपाकर हलवा काहे खिलाता है? ...ओ, मइयो-यो-यो-यो-यो ...!!

...बाबू हजार कहें, करमा का मन नहीं मानता कि उसका घर संथाल-परगना या राँची की ओर कहीं होगा। मनिहारीघाट में दो-दो बार रह आया है, वह। उस पार के साहेबगंज-कजरौटिया के पहाड़ ने उसको अपनी ओर नहीं खींचा कभी ! और वारिसगंज, कदमपुरा, कालूचक, लखपतिया का नाम सुनते ही उसके अंदर कुछ झनझना उठता है। जाने-पहचाने, अचीन्हे, कितने लोगों के चेहरों की भीड़ लग जाती है ! कितनी बातें सुख-दुख की ! खेत-खलिहान, पेड़-पौधे, नदी-पोखरे, चिरई-चुरमुन—सभी एकसाथ टानते हैं, करमा को !

...सात दिन से वह काला जंगल और ताड़ का पेड़ उसको इशारे से बुला रहा है। जंगल के ऊपर आसमान में तैरती हुई चील आकर करमा को क्यों पुकार जाती है ? क्यों ?

रेलवे-हाता पार करने के बाद भी जब कुत्ता नहीं लौटा तो करमा ने झिड़की दी, ''तू कहाँ जाएगा ससुर ? जहाँ जाएगा झाँव-झाँव करके कुत्ते दौड़ेंगे। ...जा ! भाग ! भाग ! !''

कुत्ता रुककर करमा को देखने लगा। धनखेतों से गुजरनेवाली पगडंडी पकड़कर करमा चल रहा है। धान की बालियाँ अभी फूटकर निकली नहीं हैं। ...करमा को हेडक्वाटर के चौधरी बाबू की गर्भवती घरवाली की याद आई। सुना है, डॉक्टरनी ने अंदर का फोटो लेकर देखा है—जुड़वाँ बच्चा है पेट में !

...इधर 'हथिया-नच्छत्तर' अच्छा 'झरा' था। खेतों में अभी भी पानी लगा हुआ है। ...मछली ?

...पानी में माँगुर मछलियों को देखकर करमा की देह अपने-आप बँध गई। वह

साँस रोककर चुपचाप खड़ा रहा। फिर धीरे-धीरे खेत की मेंड़ पर चला गया। मछलियाँ छलमलाईं। आईने की तरह थिर पानी अचानक नाचने लगा।···करमा क्या करे?···उधर की मेंड़ से सटाकर एक 'छेंका' देकर पानी को उलीच दिया जाए तो···?

···है है—है है! साले! बन का गीदड़, जाएगा किधर? और छलमलाओ!···अरे, काँटा करमा को क्या मारता है? करमा नया शिकारी नहीं।

आठ माँगुर और एक गरई मछली! सभी काली मछलियाँ! कटिहार हाट में इसी का दाम बेखटके तीन रुपयो ले लेता।···करमा ने गमछे में मछलियों को बाँध लिया। ऐसा 'संतोख' उसको कभी नहीं हुआ, इसके पहले। बहुत-बहुत मछली का शिकार किया उसने!

एक बूढ़ा भैंसवार मिला जो अपनी भैंस को खोज रहा था, ''ए भाय! उधर किसी भैंस पर नजर पड़ी है?''

भैंसवार ने करमा से एक बीड़ी माँगी। उसको अचरज हुआ—कैसा आदमी है, न बीड़ी पीता है, न तंबाकू खाता है। उसने नाराज होकर जिरह करना शुरू किया, ''इधर कहाँ जाना है? गाँव में तुम्हारा कौन है? मछली कहाँ ले जा रहे हो?''

···ताड़ का पेड़ तो पीछे की ओर 'घसकता' जाता है! करमा ने देखा, गाँव आ गया। गाँव में कोई तमाशावाला आया है। बच्चे दौड़ रहे हैं। हाँ, भालू वाला ही है। डमरू की बोली सुनकर करमा ने समझ लिया था।

···गाँव की पहली गंध! गंध का पहला झोंका!

···गाँव का पहला आदमी। यह बूढ़ा गोभी को पानी से पटा रहा है। बाल सादा हो गए हैं, मगर पानी भरते समय बाँह में जवानी ऐंठती है।···अरे, यह तो वही बूढ़ा है जो उस दिन बैंगन बुक कराने गया था और करमा से घुल-मिलकर गप करना चाहता था। करमा से खोद-खोदकर पूछता था—माय-बाप है नहीं या माय-बाप को छोड़कर भाग आए हो?···ले, उसने भी करमा को पहचान लिया!

''क्या है, भाई! इधर किधर?''

''ऐसे ही। घूमने-फिरने!···आपका घर इसी गाँव में है?''

बूढ़ा हँसा। घनी मूँछें खिल गईं।···बूढ़ा ठीक सत्तो बाबू टीटी के बाप की तरह हँसता है।

एक लाल साड़ीवाली लड़की हुक्के पर चिलम चढ़ाकर फूँकती हुई आई। चिलम को फूँकते समय उसके दोनों गाल गोल हो गए थे। करमा को देखकर वह ठिठकी। फिर गोभी के खेत के बाड़े को पार करने लगी। बूढ़े ने कहा, ''चल बेटी, दरवाजे पर ही हम लोग आ रहे हैं।''

बूढ़ा हाथ-पैर धोकर खेत से बाहर आया, "चलो !"

लड़की ने पूछा, "बाबा, यह कौन आदमी है ?"

"भालू नचानेवाला आदमी।"

"धेत्त !"

करमा लजाया।...क्या उसका चेहरा-मोहरा भालू नाचनेवाले-जैसा है ? बूढ़े ने पूछा, "तुम रिलिफिया बाबू के नौकर हो न ?"

"नहीं, नौकर नहीं।...ऐसे ही साथ में रहता हूँ।"

"ऐसे ही ? साथ में ? तलब कितना मिलता है ?"

"साथ में रहने पर तलब क्या मिलेगा ?"

...बूढ़ा हुक्का पीना भूल गया। बोला, "बस ? बेतलब का ताबेदार ?"

बूढ़े ने आँगन की ओर मुँह करके कहा, "सरसतिया ! ज़रा माय को भेज दो, यहाँ। एक कमाल का आदमी...।"

बूढ़ी टट्टी की आड़ में खड़ी थी। तुरत आई। बूढ़े ने कहा, "जरा देखो, इस किल्लाठोंक-जवान' को। पेट भात पर खटता है।...क्यों जी, कपड़ा भी मिलता है ?...इसी को कहते हैं–पेट-माधोराम मर्द !"

...आँगन में एक पतली खिलखिलाहट !...भालू नचानेवाला कहीं पड़ोस में ही तमाशा दिखा रहा है। डमरू के इस ताल पर भालू हाथ हिला-हिलाकर 'थब्बड़-थब्बड़' नाच रहा होगा–थुथना ऊँचा करके !...अच्छा जी भोलेराम, नाच तो खूब बनाया, तैने। अब एक बार दिखला दे कि फूहड़ औरत गोद में बच्चा को सुलाकर किस तरह ऊँघती है !...वाह जी भोलेराम !

...सैकड़ों खिलखिलाहट ! !

"तुम्हारा नाम क्या है जी ?...करमचन ? वाह, नाम तो खूब सगुनिया है। लेकिन काम ? काम चूल्हचन ?"

करमा ने लजाते हुए बात को मोड़ दिया, "आपके खेत का बैंगन बहुत बढ़िया है। एकदम घी-जैसा...।" बूढ़ा मुसकराने लगा।

और बूढ़ी की हँसी करमा की देह में जान डाल देती है। वह बोली, 'बेचारे को दम तो लेने दो। तभी से रगेट रहे हो।"

"मछली है ? बाबू के लिए ले जाओगे ?"

"नहीं। ऐसे ही...रास्ते में शिकार...।"

"सरसतिया की माय ! मेहमान को चूड़ा भूनकर मछली की भाजी के साथ खिलाओ !...एक दिन दूसरे के हाथ की बनाई मछली खा लो जी !"

जलपान करते समय करमा ने सुना–कोई पूछ रही थी, "ए, सरसतिया की

माय ! कहाँ का मेहमान है ?"

"कटिहार का।"

"कौन है ?"

"कुटुम ही है।"

"कटिहार में तुम्हारा कुटुम कब से रहने लगा ?"

"हाल से ही।"

...फिर एक खिलखिलाहट! कई खिलखिलाहट!!...चिलम फूँकते समय सरसतिया के गाल मोसंबी की तरह गोल हो जाते हैं। बूढ़ी ने दुलार-भरे स्वर में पूछा, "अच्छा ए बबुआ ! तार के अंदर से आदमी की बोली कैसे जाती है ? हमको जरा खुलासा करके समझा दो।"

चलते समय बूढ़ी ने धीरे-से कहा, "बूढ़े की बात का बुरा न मानना। जब से जवान बेटा गया, तब से इसी तरह उखड़ी-उखड़ी बात करता है।...कलेजे का घाव...।"

"एक दिन फिर आना।"

"अपना ही घर समझना !"

लौटते समय करमा को लगा, तीन जोड़ी आँखें उसकी पीठ पर लगी हुई हैं। आँखें नहीं—डिसटन-सिगल, होम-सिगल और पैट-सिगल की लाल-लाल गोल-गोल रोशनी !

जिस खेत में करमा ने मछली का शिकार किया था उसकी मेंड़ पर एक ढोंढ़िया-साँप बैठा था। फों-फों करता हुआ भागा।...हद है ! कुत्ता अभी तक बैठा उसकी राह देख रहा था ! खुशी के मारे नाचने लगा करमा को देखकर !

रेलवे-हाता में आकर करमा को लगा, बूढ़े ने उसको बनाकर ठग लिया। तीन रुपए की मोटी-मोटी मांगुर मछलियाँ एक चुटकी चूड़ा खिलाकर, चार खट्टी-मीठी बात सुनाकर...।

...करमा ने मछली की बात अपने पेट में रख ली। लेकिन बाबू तो पहले से ही सबकुछ जान लेनेवाला—'अगरजानी' है। दो हाथ दूर से ही बोले, "करमा, तुम्हारी देह से कच्ची मछली की बास आती है। मछली ले आए हो ?"

...करमा क्या जवाब दे अब ? जिंदगी में पहली बार किसी बाबू के साथ उसने विश्वासघात किया है।...मछली देखकर बाबू जरूर नाचने लगते !

पंद्रह दिन देखते-देखते ही बीत गया।

अभी, रात की गाड़ी से टिसन के सालटन-मास्टर बाबू आए हैं— बाल-बच्चों के साथ। पंद्रह दिन से चुप फैमिली-क्वाटर में कुहराम मचा है। भोर की गाड़ी से ही करमा अपने बाबू के साथ हेड-क्वाटर लौट जाएगा।⋯इसके बाद, मनिहारीघाट ?

⋯न⋯आज रात भी करमा को नींद नहीं आएगी। नहीं, अब वार्निश-चूने की गंध नहीं लगती।⋯बाबू तो मजे में सो रहे हैं। बाबू, सचमुच में गोपाल बाबू जैसे हैं। न किसी जगह से तिल-भर मोह, न रत्ती-भर माया।⋯करमा क्या करे ? ऐसा तो कभी नहीं हुआ।⋯'एक दिन फिर आना। अपना ही घर समझना।⋯कुटुम है⋯पेट-माधोराम मर्द !'

⋯अचानक करमा को एक अजीब-सी गंध लगी। वह उठा। किधर से यह गंध आ रही है ? उसने धीरे-से प्लेटफार्म पार किया। चुपचाप सूँघता हुआ आगे बढ़ता गया।⋯रेलवे-लाइन पर पैर पड़ते ही सभी सिगल—होम, डिसटट और पैट—जोर-जोर से बिगुल फूँकने लगे।⋯फैमिली-क्वाटर से एक औरत चिल्लाने लगी—'चो-ओ-ओ-र !' वह भागा। एक इंजिन उसके पीछे-पीछे दौड़ा आ रहा है।⋯मगहिया डोम की छौंड़ी ?⋯तंबू में वह छिप गया।⋯सरसतिया खिलखिलाकर हँसती है। उसके झबरे केश, बेनहाई हुई देह की गंध, करमा के प्राण में समा गई।⋯वह डरकर सरसतिया की गोद में⋯नहीं, उसकी बूढ़ी माँ की गोद में अपना मुँह छिपाता है।⋯रेल और जहाज के भोंपे एकसाथ बजते हैं। सिगल की लाल-लाल रोशनी⋯।

''करमा, उठ ! करमा, सामान बाहर निकालो !''

⋯करमा एक गंध के समुद्र में डूबा हुआ है। उसने उठकर कुरता पहना। बाबू का बक्सा बाहर निकाला। पानी-पाँड़े ने 'कहा-सुना माफ करना' कहा। करमा डूबा रहा !

⋯गाड़ी आई। बाबू गाड़ी में बैठे। करमा ने बक्सा चढ़ा दिया।⋯वह 'सरवेंट-दर्जा' में बैठेगा। बाबू ने पूछा, ''सबकुछ चढ़ा दिया तो ? कुछ छूट तो नहीं गया ?''⋯नहीं, कुछ छूटा नहीं है।⋯गाड़ी ने सीटी दी। करमा ने देखा, प्लेटफार्म पर बैठा हुआ कुत्ता उसकी ओर देखकर कूँ-कूँ कर रहा है।⋯बेचैन हो गया कुत्ता !

''बाबू ?''

''क्या है ?''

''मैं नहीं जाऊँगा।'' करमा चलती गाड़ी से उतर गया। धरती पर पैर रखते ही ठोकर लगी। लेकिन सँभल गया।

तीसरी कसम, उर्फ मारे गए गुलफ़ाम

हिरामन गाड़ीवान की पीठ में गुदगुदी लगती है।…

पिछले बीस साल से गाड़ी हाँकता है हिरामन। बैलगाड़ी। सीमा के उस पार, मोरंग राज नेपाल से धान और लकड़ी ढो चुका है। कंट्रोल के ज़माने में चोरबाज़ारी का माल इस पार से उस पार पहुँचाया है। लेकिन कभी तो ऐसी गुदगुदी नहीं लगी पीठ में!…

कंट्रोल का जमाना! हिरामन कभी भूल सकता है उस ज़माने को! एक बार चार खेप सीमेंट और कपड़े की गाँठों से भरी गाड़ी, जोगबनी से बिराटनगर पहुँचाने के बाद हिरामन का कलेजा पोख्ता हो गया था। फारबिसगंज का हर चोर-व्यापारी उसको पक्का गाड़ीवान मानता। उसके बैलों की बड़ाई बड़ी गद्दी के बड़े सेठ जी खुद करते, अपनी भाषा में… ।

गाड़ी पकड़ी गई पाँचवीं बार, सीमा के इस पार तराई में।

महाजन का मुनीम उसी की गाड़ी पर गाँठों के बीच चुक्की-मुक्की लगाकर छिपा हुआ था। दारोगा साहब की डेढ़ हाथ लंबी चोरबत्ती की रोशनी कितनी तेज होती है, हिरामन जानता है। एक घंटे के लिए आदमी अंधा हो जाता है, एक छटक भी पड़ जाए आँखों पर! रोशनी के साथ कड़कती हुई आवाज–"ऐ-य! गाड़ी रोको! साले, गोली मार देंगे?…"

बीसों गाड़ियाँ एक साथ कचकचाकर रुक गईं। हिरामन ने पहले ही कहा था, "यह बीस विषावेगा!" दारोगा साहब उसकी गाड़ी में दुबके हुए मुनीम जी पर रोशनी डालकर पिशाची हँसी हँसे–"हा-हा-हा! मुँड़ीम जी-ई-ई-ई! ही-ही-ही!…ऐ-य, साला गाड़ीवान, मुँह क्या देखता है रे-ए-ए! कंबल हटाओ इस बोरे के मुँह पर से!" हाथ की छोटी लाठी से मुनीम जी के पेट में खोंचा मारते हुए कहा था, "इस बोरे को! स-स्साला!…"

बहुत पुरानी अखज-अदावत होगी दारोगा साहब और मुनीम जी में। नहीं तो उतना रुपया कबूलने पर भी पुलिस-दरोगा का मन न डोले भला! चार हजार तो गाड़ी पर बैठा ही दे रहा है। लाठी से दूसरी बार खोंचा मारा दारोगा ने। "पाँच हजार!" फिर खोंचा–"उतरो पहले…"

मुनीम को गाड़ी से नीचे उतारकर दारोगा ने उसकी आँखों पर रोशनी डाल दी। फिर दो सिपाहियों के साथ सड़क से बीस-पच्चीस रस्सी दूर झाड़ी के पास ले गए।

गाड़ीवान और गाड़ियों पर पाँच-पाँच बंदूकवाले सिपाहियों का पहरा !··· हिरामन समझ गया, इस बार निस्तार नहीं।···जेल ? हिरामन को जेल का डर नहीं। लेकिन उसके बैल ? न जाने कितने दिनों तक बिना चारा-पानी के सरकारी फाटक में पड़े रहेंगे—भूखे-प्यासे। फिर नीलाम हो जाएँगे। भैया और भौजी को वह मुँह नहीं दिखा सकेगा कभी।···नीलाम की बोली उसके कानों के पास गूँज गई—एक-दो-तीन ! दारोगा और मुनीम में बात पट नहीं रही थी शायद।

हिरामन की गाड़ी के पास तैनात सिपाही ने अपनी भाषा में दूसरे सिपाही से धीमी आवाज में पूछा, "का हो ? मामला गोल होखी का ?" फिर खैनी-तंबाकू देने के बहाने उस सिपाही के पास चला गया।···

एक-दो-तीन ! तीन-चार गाड़ियों की आड़। हिरामन ने फैसला कर लिया। उसने धीरे-से अपने बैलों के गले की रस्सियाँ खोल लीं। गाड़ी पर बैठे-बैठे दोनों को जुड़वाँ बाँध दिया। बैल समझ गए उन्हें क्या करना है। हिरामन उतरा, जुती हुई गाड़ी में बाँस की टिकटी लगाकर बैलों के कंधों को बेलाग किया। दोनों के कानों के पास गुदगुदी लगा दी और मन-ही-मन बोला, 'चलो भैयन, जान बचेगी तो ऐसी-ऐसी सग्गड़ गाड़ी बहुत मिलेगी।'··· एक-दो-तीन ! नौ-दो-ग्यारह !···

गाड़ियों की आड़ में सड़क के किनारे दूर तक घनी झाड़ी फैली हुई थी। दम साधकर तीनों प्राणियों ने झाड़ी को पार किया—बेखटक, बेआहट ! फिर एक ले, दो ले—दुलकी चाल ! दोनों बैल सीना तानकर फिर तराई के घने जंगलों में घुस गए। राह सूँघते, नदी-नाला पार करते हुए भागे पूँछ उठाकर। पीछे-पीछे हिरामन। रात-भर भागते रहे थे तीनों जन।···

घर पहुँचकर दो दिन तक बेसुध पड़ा रहा हिरामन। होश में आते ही उसने कान पकड़कर कसम खाई थी—अब कभी ऐसी चीजों की लदनी नहीं लादेंगे। चोरबाजारी का माल ? तोबा, तोबा !··· पता नहीं मुनीम जी का क्या हुआ ! भगवान जाने उसकी सग्गड़ गाड़ी का क्या हुआ ! असली इस्पात लोहे की धुरी थी। दोनों पहिए तो नहीं, एक पहिया एकदम नया था। गाड़ी में रंगीन डोरियों के फुँदने बड़े जतन से गूँथे गए थे।···

दो कसमें खाई हैं उसने। एक चोरबाजारी का माल नहीं लादेंगे। दूसरी—बाँस। अपने हर भाड़ेदार से वह पहले ही पूछ लेता है—'चोरी- चमारीवाली चीज तो नहीं ?' और, बाँस ? बाँस लादने के लिए पचास रुपए भी दे कोई, हिरामन की गाड़ी नहीं मिलेगी। दूसरे की गाड़ी देखे।

बाँस लदी हुई गाड़ी ! गाड़ी से चार हाथ आगे बाँस का अगुआ निकला रहता है और पीछे की ओर चार हाथ पिछुआ ! काबू के बाहर रहती है गाड़ी हमेशा। सो

बेकाबूवाली लदनी और खरैहिया। शहरवाली बात ! तिस पर बाँस का अगुआ पकड़कर चलनेवाला भाड़ेदार का महाभकुआ नौकर, लड़की-स्कूल की ओर देखने लगा। बस, मोड़ पर घोड़ागाड़ी से टक्कर हो गई। जब तक हिरामन बैलों की रस्सी खींचे, तब तक घोड़ागाड़ी की छतरी बाँस के अगुआ में फँस गई। घोड़ा-गाड़ीवाले ने तड़ातड़ चाबुक मारते हुए गाली दी थी !···

बाँस की लदनी ही नहीं, हिरामन ने खरैहिया शहर की लदनी भी छोड़ दी। और जब फारबिसगंज से मोरंग का भाड़ा ढोना शुरू किया तो गाड़ी ही पार !···कई वर्षों तक हिरामन ने बैलों को आधीदारी पर जोता। आधा भाड़ा गाड़ीवाले का और आधा बैलवाले का। हिस्स ! गाड़ीवानी करो मुफ्त ! आधीदारी की कमाई से बैलों के ही पेट नहीं भरते। पिछले साल ही उसने अपनी गाड़ी बनवाई है।

देवी मैया भला करें उस सरकस-कंपनी के बाघ का। पिछले साल इसी मेले में बाघगाड़ी को ढोनेवाले दोनों घोड़े मर गए। चंपानगर से फारबिसगंज मेला आने के समय सरकस-कंपनी के मैनेजर ने गाड़ीवान-पट्टी में ऐलान करके कहा—"सौ रुपया भाड़ा मिलेगा !" एक-दो गाड़ीवान राजी हुए। लेकिन, उनके बैल बाघगाड़ी से दस हाथ दूर ही डर से डिकरने लगे—बाँ-आँ ! रस्सी तुड़ाकर भागे। हिरामन ने अपने बैलों की पीठ सहलाते हुए कहा, "देखो भैयन, ऐसा मौका फिर हाथ न आएगा। यही है मौका अपनी गाड़ी बनवाने का। नहीं तो फिर आधेदारी···। अरे, पिंजड़े में बंद बाघ का क्या डर ? मोरंग की तराई में दहाड़ते हुई बाघों को देख चुके हो। फिर पीठ पर मैं तो हूँ।···"

गाड़ीवानों के दल में तालियाँ पटपटा उठी थीं एक साथ। सभी की लाज रख ली हिरामन के बैलों ने। हुमककर आगे बढ़ गए और बाघगाड़ी में जुट गए—एक-एक करके। सिर्फ दाहिने बैल ने जुतने के बाद ढेर-सा पेशाब किया। हिरामन ने दो दिन तक नाक से कपड़े की पट्टी नहीं खोली थी। बड़ी गद्दी के बड़े सेठ जी की तरह नकबंधन लगाए बिना बघाइन गंध बरदास्त नहीं कर सकता कोई।

···बाघगाड़ी की गाड़ीवानी की है हिरामन ने। कभी ऐसी गुदगुदी नहीं लगी पीठ में। आज रह-रहकर उसकी गाड़ी में चंपा का फूल महक उठता है। पीठ में गुदगुदी लगने पर वह अँगोछे से पीठ झाड़ लेता है।

हिरामन को लगता है, दो वर्ष से चंपानगर मेले की भगवती मैया उस पर प्रसन्न है। पिछले साल बाघगाड़ी जुट गई। नकद एक सौ रुपए भाड़े के अलावा बुताद, चाह-बिस्कुट और रास्ते-भर बंदर-भालू और जोकर का तमाशा देखा सो फोकट में !

और, इस बार यह जनानी सवारी। औरत है या चंपा का फूल ! जब से गाड़ी

मह-मह महक रही है।

कच्ची सड़क के एक छोटे-से खड्ड में गाड़ी का दाहिना पहिया बेमौके हिचकोला खा गया। हिरामन की गाड़ी से एक हल्की 'सिस' की आवाज आई। हिरामन ने दाहिने बैल को दुआली से पीटते हुए कहा, ''साला! क्या समझता है, बोरे की लदनी है क्या?''

''अहा! मारो मत!''

अनदेखी औरत की आवाज ने हिरामन को अचरज में डाल दिया। बच्चों की बोली जैसी महीन, फेनूगिलासी बोली!

मथुरामोहन नौटंकी कंपनी में लैला बननेवाली हीराबाई का नाम किसने नहीं सुना होगा भला! लेकिन हिरामन की बात निराली है! उसने सात साल तक लगातार मेलों की लदनी लादी है, कभी नौटंकी-थियेटर या बायस्कोप सिनेमा नहीं देखा। लैला या हीराबाई का नाम भी उसने नहीं सुना कभी। देखने की क्या बात! सो मेला टूटने के पंद्रह दिन पहले आधी रात की बेला में काली ओढ़नी में लिपटी औरत को देखकर उसके मन में खटका अवश्य लगा था। बक्सा ढोनेवाले नौकर से गाड़ी-भाड़ा में मोल-मोलाई करने की कोशिश की तो ओढ़नीवाली ने सिर हिलाकर मना कर दिया। हिरामन ने गाड़ी जोतते हुए नौकर से पूछा, ''क्यों भैया, कोई चोरी-चमारी का माल-वाल तो नहीं?'' हिरामन को फिर अचरज हुआ! बक्सा ढोनेवाले आदमी ने हाथ के इशारे से गाड़ी हाँकने को कहा और अँधेरे में गायब हो गया। हिरामन को मेले में तंबाकू बेचनेवाली बूढ़ी की काली साड़ी की याद आई थी।...

ऐसे में कोई क्या गाड़ी हाँके!

एक तो पीठ में गुदगुदी लग रही है। दूसरे रह-रहकर चंपा का फूल खिल जाता है उसकी गाड़ी में। बैलों को डाँटो तो 'इस-बिस' करने लगती है उसकी सवारी।...उसकी सवारी! औरत अकेली, तंबाकू बेचनेवाली बूढ़ी नहीं! आवाज सुनने के बाद वह बार-बार मुड़कर टप्पर में एक नजर डाल देता है; अँगोछे से पीठ झाड़ता है।...भगवान जाने क्या लिखा है इस बार उसकी किस्मत में! गाड़ी जब पूरब की ओर मुड़ी, एक टुकड़ा चाँदनी उसकी गाड़ी में समा गई। सवारी की नाक पर एक जुगनू जगमगा उठा। हिरामन को सबकुछ रहस्यमय—अजगुत-अजगुत—लग रहा है। सामने चंपानगर से सिंधिया गाँव तक फैला हुआ मैदान!...कहीं डाकिन-पिशाचिन तो नहीं?

हिरामन की सवारी ने करवट ली। चाँदनी पूरे मुखड़े पर पड़ी तो हिरामन चीखते-चीखते रुक गया–अरे बाप ! ई तो परी है !

परी की आँखें खुल गईं। हिरामन ने सामने सड़क की ओर मुँह कर लिया और बैलों को टिटकारी दी। वह जीभ को तालू से सटाकर टि-टि-टि-टि आवाज निकालता है। हिरामन की जीभ न जाने कब से सूखकर लकड़ी-जैसी हो गई थी !

"भैया, तुम्हारा नाम क्या है ?"

हू-ब-हू फेनूगिलास !⋯हिरामन के रोम-रोम बज उठे। मुँह से बोली नहीं निकली। उसके दोनों बैल भी कान खड़े करके इस बोली को परखते हैं।

"मेरा नाम !⋯नाम मेरा है हिरामन !"

उसकी सवारी मुस्कराती है।⋯मुस्कराहट में खुशबू है।

"तब तो मीता कहूँगी, भैया नहीं। –मेरा नाम भी हीरा है।"

"इस्स !" हिरामन को परतीत नहीं, "मर्द और औरत के नाम में फर्क होता है।"

"हाँ जी, मेरा नाम भी हीराबाई है।"

कहाँ हिरामन और कहाँ हीराबाई, बहुत फर्क है !

हिरामन ने अपने बैलों को झिड़की दी–"कान चुनियाकर गप सुनने से ही तीस कोस मंज़िल कटेगी क्या ? इस बाएँ नाटे के पेट में शैतानी भरी है।" हिरामन ने बाएँ बैल को दुआली की हल्की झड़प दी।

"मारो मत; धीरे-धीरे चलने दो। जल्दी क्या है !"

हिरामन के सामने सवाल उपस्थित हुआ, वह क्या कहकर 'गप' करे हीराबाई से ? तोहें' कहे या 'अहाँ' ? उसकी भाषा में बड़ों को 'अहाँ' अर्थात 'आप' कहकर संबोधित किया जाता है, कचराही बोली में दो-चार सवाल-जवाब चल सकता है, दिल-खोल गप तो गाँव की बोली में ही की जा सकती है किसी से।

आसिन-कातिक के भोर में छा जानेवाले कुहासे से हिरामन को पुरानी चिढ़ है। बहुत बार वह सड़क भूलकर भटक चुका है। किंतु आज के भोर के इस घने कुहासे में भी वह मगन है। नदी के किनारे धन-खेतों से फूले हुए धान के पौधों की पवनिया गंध आती है। पर्व-पावन के दिन गाँव में ऐसी ही सुगंध फैली रहती है। उसकी गाड़ी में फिर चंपा का फूल खिला। उस फूल में एक परी बैठी है।⋯जै भगवती।

हिरामन ने आँख की कनखियों से देखा, उसकी सवारी⋯मीता⋯हीराबाई की आँखें गुजुर-गुजुर उसको हेर रही हैं। हिरामन के मन में कोई अजानी रागिनी बज उठी। सारी देह सिरसिरा रही है। बोला, "बैल को मारते हैं तो आपको बहुत बुरा लगता है ?"

हीराबाई ने परख लिया, हिरामन सचमुच हीरा है।

चालीस साल का हट्टा-कट्टा, काला-कलूटा, देहाती नौजवान अपनी गाड़ी और अपने बैलों के सिवाय दुनिया की किसी और बात में विशेष दिलचस्पी नहीं लेता। घर में बड़ा भाई है, खेती करता है। बाल-बच्चेवाला आदमी है। हिरामन भाई से बढ़कर भाभी की इज्जत करता है। भाभी से डरता भी है। हिरामन की भी शादी हुई थी, बचपन में ही गौने के पहले ही दुलहिन मर गई। हिरामन को अपनी दुलहिन का चेहरा याद नहीं।...दूसरी शादी? दूसरी शादी न करने के अनेक कारण हैं। भाभी की जिद, कुमारी लड़की से ही हिरामन की शादी करवाएगी। कुमारी का मतलब हुआ पाँच-सात साल की लड़की। कौन मानता है सरधा-कानून? कोई लड़कीवाला दोब्याहू को अपनी लड़की गरज में पड़ने पर ही दे सकता है। भाभी उसकी तीन-सत्त करके बैठी है, सो बैठी है। भाभी के आगे भैया की भी नहीं चलती!...अब हिरामन ने तय कर लिया है, शादी नहीं करेगा। कौन बलाय मोल लेने जाए! ब्याह करके फिर गाड़ीवानी क्या करेगा कोई! और सबकुछ छूट जाए, गाड़ीवानी नहीं छोड़ सकता हिरामन।

हीराबाई ने हिरामन के जैसा निश्छल आदमी बहुत कम देखा है। पूछा, "आपका घर कौन जिल्ला में पड़ता है?" कानपुर नाम सुनते ही जो उसकी हँसी छूटी, तो बैल भड़क उठे। हिरामन हँसते समय सिर नीचा कर लेता है। हँसी बंद होने पर उसने कहा, "वाह रे कानपुर! तब तो नाकपुर भी होगा?" और जब हीराबाई ने कहा कि नाकपुर भी है, तो वह हँसते-हँसते दुहरा हो गया।

"वाह रे दुनिया! क्या-क्या नाम होता है! कानपुर, नाकपुर !" हिरामन ने हीराबाई के कान के फूल को गौर से देखा। नाक की नकछवि के नग देखकर सिहर उठा–लहू की बूँद!

हिरामन ने हीराबाई का नाम नहीं सुना कभी। नौटंकी कंपनी की औरत को वह बाईजी नहीं समझता है।...कंपनी में काम करनेवाली औरतों को वह देख चुका है। सरकस कंपनी की मालकिन, अपनी दोनों जवान बेटियों के साथ बाघगाड़ी के पास आती थी, बाघ को चारा-पानी देती थी, प्यार भी करती थी खूब। हिरामन के बैलों को भी डबलरोटी-बिस्कुट खिलाया था बड़ी बेटी ने।

हिरामन होशियार है। कुहासा छँटते ही अपनी चादर से टप्पर में परदा कर दिया–"बस दो घंटा! उसके बाद रास्ता चलना मुश्किल है। कातिक की सुबह की धूल आप बर्दास्त न कर सकिएगा। कजरी नदी के किनारे तेगछिया के पास गाड़ी लगा देंगे। दुपहरिया काटकर...।"

सामने से आती हुई गाड़ी को दूर से ही देखकर वह सतर्क हो गया। लीक और

बैलों पर ध्यान लगाकर बैठ गया। राह काटते हुए गाड़ीवान ने पूछा, ''मेला टूट रहा है क्या भाई?''

हिरामन ने जवाब दिया, वह मेले की बात नहीं जानता। उसकी गाड़ी पर 'बिदागी' (नैहर या ससुराल जाती हुई लड़की) है। न जाने किस गाँव का नाम बता दिया हिरामन ने!

''छतापुर-पचीरा कहाँ है?''

''कहीं हो, यह लेकर आप क्या करिएगा?'' हिरामन अपनी चतुराई पर हँसा। परदा डाल देने पर भी पीठ में गुदगुदी लगती है।

हिरामन परदे के छेद से देखता है। हीराबाई एक दियासलाई की डिब्बी के बराबर आईने में अपने दाँत देख रही है। ...मदनपुर मेले में एक बार बैलों को नन्हीं-चित्ती कौड़ियों की माला खरीद दी थी। हिरामन ने, छोटी-छोटी, नन्हीं-नन्हीं कौड़ियों की पाँत।

तेगछिया के तीनों पेड़ दूर से ही दिखलाई पड़ते हैं। हिरामन ने परदे को जरा सरकाते हुए कहा, ''देखिए, यही है तेगछिया। दो पेड़ जटामासी बड़ हैं और एक...उस फूल का क्या नाम है, आपके कुरते पर जैसा फूल छपा हुआ है, वैसा ही; खूब महकता है; दो कोस दूर तक गंध जाती है; उस फूल को खमीरा तंबाकू में डालकर पीते भी हैं लोग।''

''और उस अमराई की आड़ से कई मकान दिखाई पड़ते हैं, वहाँ कोई गाँव है या मंदिर?''

हिरामन ने बीड़ी सुलगाने के पहले पूछा, ''बीड़ी पीएँ? आपको गंध तो नहीं लगेगी?...वही है नामलगर ड्योढ़ी। जिस राजा के मेले से हम लोग आ रहे हैं, उसी का दियाद-गोतिया है।...जा रे जमाना!''

हिरामन ने 'जा रे ज़माना' कहकर बात को चाशनी में डाल दिया। हीराबाई ने टप्पर के परदे को तिरछे खोंस दिया।...हीराबाई की दंतपंक्ति।

''कौन जमाना?'' ठुड्डी पर हाथ रखकर साग्रह बोली।

''नामलगर ड्योढ़ी का जमाना! क्या था और क्या-से-क्या हो गया!''

हिरामन गप रसाने का भेद जानता है। हीराबाई बोली, ''तुमने देखा था वह जमाना?''

''देखा नहीं, सुना है।...राज कैसे गया, बड़ी हैफवाली कहानी है। सुनते हैं, घर में देवता ने जन्म ले लिया। कहिए भला, देवता आखिर देवता है। है या नहीं? इंदरासन छोड़कर मिरतूभुवन में जन्म ले ले तो उसका तेज कैसे सम्हाल सकता है कोई! सूरजमुखी फूल की तरह माथे के पास तेज खिला रहता। लेकिन नजर का

फेर, किसी ने नहीं पहचाना। एक बार उपलैन में लाट साहब मय लाटनी के, हवागाड़ी से आए थे। लाट ने भी नहीं, पहचाना आखिर लाटनी ने। सूरजमुखी तेज देखते ही बोल उठी—ए मैन राजा साहब, सुनो, यह आदमी का बच्चा नहीं है, देवता है।"

हिरामन ने लाटनी की बोली की नकल उतारते समय खूब डैम-फैट-लैट किया। हीराबाई दिल खोलकर हँसी।...हँसते समय उसकी सारी देह दुलकती है।

हीराबाई ने अपनी ओढ़नी ठीक कर ली। तब हिरामन को लगा कि...लगा कि...

"तब ? उसके बाद क्या हुआ मीता ?"

"इस्स ! कथ्था सुनने का बड़ा सौक है आपको ?...लेकिन, काला आदमी, राजा क्या महाराजा भी हो जाए, रहेगा काला आदमी ही। साहेब के जैसा अक्किल कहाँ से पाएगा ! हँसकर बात उड़ा दी सभी ने। तब रानी को बार-बार सपना देने लगा देवता ! सेवा नहीं कर सकते तो जाने दो, नहीं, रहेंगे तुम्हारे यहाँ। इसके बाद देवता का खेल शुरू हुआ। सबसे पहले दोनों दंतार हाथी मरे, फिर घोड़ा, फिर पटपटांग...।"

"पटपटांग क्या है ?"

हिरामन का मन पल-पल में बदल रहा है। मन में सतरंगा छाता धीरे-धीरे खिल रहा है, उसको लगता है।...उसकी गाड़ी पर देवकुल की औरत सवार है। देवता आखिर देवता है !

"पटपटांग ! धन-दौलत, माल-मवेसी सब साफ ! देवता इंदरासन चला गया।"

हीराबाई ने ओझल होते हुए मंदिर के कँगूरे की ओर देखकर लंबी साँस ली।

"लेकिन देवता ने जाते-जाते कहा, इस राज में कभी एक छोड़कर दो बेटा नहीं होगा। धन हम अपने साथ ले जा रहे हैं, गुन छोड़ जाते हैं। देवता के साथ सभी देव-देवी चले गए, सिर्फ सरोसती मैया रह गई। उसी का मंदिर है।"

देसी घोड़े पर पाट के बोझ लादे हुए बनियों को आते देखकर हिरामन ने टप्पर के परदे को गिरा दिया। बैलों को ललकारकर बिदेसिया नाच का बंदना गीत गाने लगा—

"जै मैया सरोसती, अरजी करत बानी;
हमरा पर होखू सहाई हे मैया, हमरा पर होखू सहाई !"

घोड़लद्दे बनियों से हिरामन ने हुलसकर पूछा, "क्या भाव पटुआ खरीदते हैं महाजन ?"

लँगड़े घोड़ेवाले बनिये ने बटगमनी जवाब दिया—"नीचे सताइस-अठाइस, ऊपर तीस। जैसा माल, वैसा भाव।"

जवान बनिये ने पूछा, "मेले का क्या हालचाल है, भाई? कौन नौटंकी कंपनी का खेल हो रहा है, रौता कंपनी या मथुरामोहन?"

"मेले का हाल मेलावाला जाने?" हिरामन ने फिर छत्तापुर-पचीरा का नाम लिया।

सूरज दो बाँस ऊपर आ गया था। हिरामन अपने बैलों से बात करने लगा—"एक कोस जमीन! ज़रा दम बाँधकर चलो। प्यास की बेला हो गई न! याद है, उस बार तेगछिया के पास सरकस कंपनी के जोकर और बंदर नचानेवाला साहब में झगड़ा हो गया था। जोकरवा ठीक बंदर की तरह दाँत किटकिटाकर किक्रियाने लगा था···न जाने किस-किस देस-मुलुक के आदमी आते हैं!"

हिरामन ने फिर परदे के छेद से देखा, हीराबाई एक कागज के टुकड़े पर आँख गड़ाकर बैठी है। हिरामन का मन आज हल्के सुर में बँधा है। उसको तरह-तरह के गीतों की याद आती है। बीस-पच्चीस साल पहले, बिदेसिया, बलवाही, छोकरा-नाचवाले एक-से-एक गजल खेमटा गाते थे। अब तो, भोंपा में भोंपू-भोंपू करके कौन गीत गाते हैं लोग! जा रे जमाना! छोकरा-नाच के गीत की याद आई हिरामन को—

"सजनवा बैरी हो ग'य हमारो! सजनवा···!
अरे, चिठिया हो तो सब कोई बाँचे; चिठिया हो तो···
हाय! करमवा, होय करमवा···

गाड़ी की बल्ली पर उँगलियों से ताल देकर गीत को काट दिया हिरामन ने। छोकरा-नाच के मनुवाँ नटुवा का मुँह हीराबाई-जैसा ही था।··· कहाँ चला गया वह जमाना? हर महीने गाँव में नाचवाले आते थे। हिरामन ने छोकरा-नाच के चलते अपनी भाभी की न जाने कितनी बोली-ठोली सुनी थी। भाई ने घर से निकल जाने को कहा था।

आज हिरामन पर माँ सरोसती सहाय हैं, लगता है। हीराबाई बोली, "वाह, कितना बढ़िया गाते हो तुम!"

हिरामन का मुँह लाल हो गया। वह सिर नीचा करके हँसने लगा।

आज तेगछिया पर रहनेवाले महावीर स्वामी भी सहाय हैं हिरामन पर। तेगछिया के नीचे एक भी गाड़ी नहीं। हमेशा गाड़ी और गाड़ीवानों की भीड़ लगी

रहती है यहाँ । सिर्फ एक साइकिलवाला बैठकर सुस्ता रहा है । महावीर स्वामी को सुमरकर हिरामन ने गाड़ी रोकी । हीराबाई परदा हटाने लगी । हिरामन ने पहली बार आँखों से बात की हीराबाई से—साइकिलवाला इधर ही टकटकी लगाकर देख रहा है ।

बैलों को खोलने के पहले बाँस की टिकटी लगाकर गाड़ी को टिका दिया । फिर साइकिलवाले की ओर बार-बार घूरते हुए पूछा, "कहाँ जाना है ? मेला ? कहाँ से आना हो रहा है ? बिसनपुर से ? बस, इतनी ही दूर में थसथसाकर थक गए ?—जा रे जवानी !"

साइकिलवाला दुबला-पतला नौजवान मिनमिनाकर कुछ बोला और बीड़ी सुलगाकर उठ खड़ा हुआ ।

हिरामन दुनिया-भर की निगाह से बचाकर रखना चाहता है हीराबाई को । उसने चारों ओर नजर दौड़ाकर देख लिया—कहीं कोई गाड़ी या घोड़ा नहीं ।

कजरी नदी की दुबली-पतली धारा तेगछिया के पास आकर पूरब की ओर मुड़ गई है । हीराबाई पानी में बैठी हुई भैंसों और उनकी पीठ पर बैठे हुए बगुलों को देखती रही ।

हिरामन बोला, "जाइए, घाट पर मुँह-हाथ धो आइए !"

हीराबाई गाड़ी से नीचे उतरी । हिरामन का कलेजा धड़क उठा । ... नहीं, नहीं ! पाँव सीधे हैं, टेढ़े नहीं । लेकिन, तलुवा इतना लाल क्यों है ? हीराबाई घाट की ओर चली गई, गाँव की बहू-बेटी की तरह सिर नीचा करके धीरे-धीरे । कौन कहेगा कि कंपनी की औरत है ! ... औरत नहीं, लड़की । शायद कुमारी ही है ।

हिरामन टिकटी पर टिकी गाड़ी पर बैठ गया । उसने टप्पर में झाँककर देखा । एक बार इधर-उधर देखकर हीराबाई के तकिये पर हाथ रख दिया । फिर तकिये पर केहुनी डालकर झुक गया, झुकता गया । खुशबू उसकी देह में समा गई । तकिये के गिलाफ पर कढ़े फूलों को उँगलियों से छूकर उसने सूँघा, हाय रे हाय ! इतनी सुगंध ! हिरामन को लगा, एक साथ पाँच चिलम गाँजा फूँककर वह उठा है । हीराबाई के छोटे आईने में उसने अपना मुँह देखा । आँखें उसकी इतनी लाल क्यों हैं ?

हीराबाई लौटकर आई तो उसने हँसकर कहा, "अब आप गाड़ी का पहरा दीजिए, मैं आता हूँ तुरत ।"

हिरामन ने अपनी सफरी झोली से सहेजी हुई गंजी निकाली । गमछा झाड़कर कंधे पर लिया और हाथ में बालटी लटकाकर चला । उसके बैलों ने बारी-बारी से 'हुँक-हुँक' करके कुछ कहा । हिरामन ने जाते-जाते उलटकर कहा, "हाँ, हाँ, प्यास

सभी को लगी है । लौटकर आता हूँ तो घास दूँगा, बदमासी मत करो !''

बैलों ने कान हिलाए ।

नहा-धोकर कब लौटा हिरामन, हीराबाई को नहीं मालूम । कजरी की धारा को देखते-देखते उसकी आँखों में रात की उचटी हुई नींद लौट आई थी । हिरामन पास के गाँव से जलपान के लिए दही-चूड़ा-चीनी ले आया है ।

''उठिए, नींद तोड़िए ! दो मुट्ठी जलपान कर लीजिए !''

हीराबाई आँख खोलकर अचरज में पड़ गई । एक हाथ में मिट्टी के नए बरतन में दही, केले के पत्ते । दूसरे हाथ में बालटी-भर पानी । आँखों में आत्मीयतापूर्ण अनुरोध !

''इतनी चीजें कहाँ से ले आए !''

''इस गाँव का दही नामी है । ''' चाह तो फारबिसगंज जाकर ही पाइएगा ।''

हिरामन की देह की गुदगुदी मिट गई । हीराबाई ने कहा, ''तुम भी पत्तल बिछाओ । ''' क्यों ? तुम नहीं खाओगे तो समेटकर रख लो अपनी झोली में । मैं भी नहीं खाऊँगी ।''

''इस्स !'' हिरामन लजाकर बोला, ''अच्छी बात ! आप खा लीजिए पहले !''

''पहले-पीछे क्या ? तुम भी बैठो ।''

हिरामन का जी जुड़ा गया । हीराबाई ने अपने हाथ से उसका पत्तल बिछा दिया, पानी छींट दिया, चूड़ा निकालकर दिया । इस्स ! धन्न है, धन्न है ! हिरामन ने देखा, भगवती मैया भोग लगा रही है । लाल होंठों पर गोरस का परस ! ''' पहाड़ी तोते को दूध-भात खाते देखा है ?

दिन ढल गया ।

टप्पर में सोई हीराबाई और जमीन पर दरी बिछाकर सोए हिरामन की नींद एक ही साथ खुली । ''' मेले की ओर जानेवाली गाड़ियाँ तेगछिया के पास रुकी हैं । बच्चे कचर-पचर कर रहे हैं ।

हिरामन हड़बड़ाकर उठा । टप्पर के अंदर झाँककर इशारे से कहा—दिन ढल गया ! गाड़ी में बैलों को जोतते समय उसने गाड़ीवानों के सवालों का कोई जवाब नहीं दिया । गाड़ी हाँकते हुए बोला, ''सिरपुर बाजार के इसपिताल की डागडरनी हैं । रोगी देखने जा रही हैं । पास ही कुड़मागाम ।''

हीराबाई छत्तापुर-पचीरा का नाम भूल गई । गाड़ी जब कुछ दूर आगे बढ़ आई तो उसने हँसकर पूछा, ''पत्तापुर-छपीरा ?''

हँसते-हँसते पेट में बल पड़ गए हिरामन के--''पत्तापुर-छपीरा ! हा-हा ! वे लोग छत्तापुर-पचीरा के ही गाड़ीवान थे, उनसे कैसे कहता ! ही-ही-ही !''

हीराबाई मुस्कराती हुई गाँव की ओर देखने लगी ।

सड़क तेगछिया गाँव के बीच से निकलती है । गाँव के बच्चों ने परदेवाली गाड़ी देखी और तालियाँ बजा-बजाकर रटी हुई पंक्तियाँ दुहराने लगे—

''लाली-लाली डोलिया में
लाली रे दुलहिनिया
पान खाए ... !''

हिरामन हँसा । ... दुलहिनिया ... लाली-लाली डोलिया ! दुलहिनिया पान खाती है, दुलहा की पगड़ी में मुँह पोंछती है । ओ दुलहिनिया, तेगछिया गाँव के बच्चों को याद रखना । लौटती बेर गुड़ का लड्डू लेती आइयो । लाख बरिस तेरा हुलहा जीए ! ... कितने दिनों का हौसला पूरा हुआ है हिरामन का ! ऐसे कितने सपने देखे हैं उसने ! वह अपनी दुलहिन को लेकर लौट रहा है । हर गाँव के बच्चे तालियाँ बजाकर गा रहे हैं । हर आँगन से झाँव कर देख रही हैं औरतें । मर्द लोग पूछते हैं, 'कहाँ की गाड़ी है, कहाँ जाएगी ?' उसकी दुलहिन डोली का परदा थोड़ा सरकाकर देखती है । और भी कितने सपने ...

गाँव से बाहर निकलकर उसने कनखियों से टप्पर के अंदर देखा, हीराबाई कुछ सोच रही है । हिरामन भी किसी सोच में पड़ गया । थोड़ी देर के बाद वह गुनगुनाने लगा—

''सजन रे झूठ मति बोलो, खुदा के पास जाना है ।
नहीं हाथी, नहीं घोड़ा, नहीं गाड़ी—
वहाँ पैदल ही जाना है । सजन रे ... ।''

हीराबाई ने पूछा, ''क्यों मीता ? तुम्हारी अपनी बोली में कोई गीत नहीं क्या ?''

हिरामन अब बेखटक हीराबाई की आँखों में आँखें डालकर बात करता है । कंपनी की औरत भी ऐसी होती है ? सरकस कंपनी की मालकिन मेम थी । लेकिन हीराबाई ! गाँव की बोली में गीत सुनना चाहती है । वह खुलकर मुस्कराया—''गाँव की बोली आप समझिएगा ?''

''हूँ-ऊँ-ऊँ !'' हीराबाई ने गर्दन हिलाई । कान के झुमके हिल गए ।

हिरामन कुछ देर तक बैलों को हाँकता रहा चुपचाप । फिर बोला, ''गीत जरूर ही सुनिएगा ? नहीं मानिएगा ? ... इस्स ! इतना सौक गाँव का गीत सुनने का है आपको ! तब लीक छोड़नी होगी । चालू रास्ते में कैसे गीत गा सकता है कोई !''

हिरामन ने बाएँ बैल की रस्सी खींचकर दाहिने को लीक से बाहर किया और बोला, "हरिपुर होकर नहीं जाएँगे तब ।"

चालू लीक को काटते देखकर हिरामन की गाड़ी के पीछेवाले गाड़ीवान ने चिल्लाकर पूछा, "काहे हो गाड़ीवान, लीक छोड़कर बेलीक कहाँ उधर ?"

हिरामन ने हवा में दुआली घुमाते हुए जवाब दिया—"कहाँ है बेलीकी ? वह सड़क ननपुर तो नहीं जाएगी ।" फिर अपने-आप बड़बड़ाया, "इस मुलुक के लोगों की यही आदत बुरी है । राह चलते एक सौ जिरह करेंगे । अरे भाई, तुमको जाना है, जाओ । ··· देहाती भुच्च सब !"

ननपुर की सड़क पर गाड़ी लाकर हिरामन ने बैलों की रस्सी ढीली कर दी । बैलों ने दुलकी चाल छोड़कर कदमचाल पकड़ी ।

हीराबाई ने देखा, सचमुच ननपुर की सड़क बड़ी सूनी है । हिरामन उसकी आँखों की बोली समझता है—"घबराने की बात नहीं । यह सड़क भी फारबिसगंज जाएगी, राह-घाट के लोग बहुत अच्छे हैं । ··· एक घड़ी रात तक हम लोग पहुँच जाएँगे ।"

हीराबाई को फारबिसगंज पहुँचने की जल्दी नहीं । हिरामन पर उसको इतना भरोसा हो गया कि डर-भय की कोई बात ही नहीं उठती है मन में । हिरामन ने पहले जी-भर मुस्करा लिया । कौन गीत गाए वह ! हीराबाई को गीत और कथा दोनों का शौक है ··· इस्स ! महुआ घटवारिन ? वह बोला, "अच्छा, जब आपको इतना सौक है तो सुनिए महुआ घटवारिन का गीत । इसमें गीत भी है, कथ्था भी है ।"

··· कितने दिनों के बाद भगवती ने यह हौसला भी पूरा कर दिया । जै भगवती ! आज हिरामन अपने मन को खलास कर लेगा । वह हीराबाई की थमी हुई मुस्कराहट को देखता रहा ।

"सुनिए ! आज भी परमार नदी में महुआ घटवारिन के कई पुराने घाट हैं । इसी मुलुक की थी महुआ ! थी तो घटवारिन, लेकिन सौ सतवंती में एक थी । उसका बाप दारू-ताड़ी पीकर दिन-रात बेहोश पड़ा रहता । उसकी सौतेली माँ साच्छात राकसनी ! बहुत बड़ी नजर-चालक । रात में गाँजा-दारू-अफीम चुराकर बेचनेवाले से लेकर तरह-तरह के लोगों से उसकी जान-पहचान थी । सबसे घुट्टा-भर हेल-मेल । महुआ कुमारी थी । लेकिन काम कराते-कराते उसकी हड्डी निकाल दी थी राकसनी ने । जवान हो गई, कहीं शादी-ब्याह की बात भी नहीं चलाई । एक रात की बात सुनिए !"

हिरामन ने धीरे-धीरे गुनगुनाकर गला साफ किया—

'हे अ-अ-अ सावना-भादवा के-र-उमड़ल नदिया-गे मै-यो-ओ-ओ,

मैयो गे रैनि भयावनि-हे-ए-ए-ए;
तड़का-तड़के धड़के करेज-आ-आ मोरा
कि हमहूँ जे बार-नान्ही रे-ए-ए ···।''

ओ माँ ! सावन-भादों की उमड़ी हुई नदी, भयावनी रात, बिजली कड़कती है, मैं बारी-क्वारी नन्ही बच्ची, मेरा कलेजा धड़कता है । अकेली कैसे जाऊँ घाट पर ? सो भी एक परदेशी राही-बटोही के पैर में तेल लगाने के लिए ! सत-माँ ने अपनी बज्जर-किवाड़ी बंद कर ली । आसमान में मेघ हड़बड़ा उठे और हरहराकर बरसा होने लगी । महुआ रोने लगी, अपनी माँ को याद करके । आज उसकी माँ रहती तो ऐसे दुरदिन में कलेजे से सटाकर रखती अपनी महुआ बेटी को । गे मइया, इसी दिन के लिए, यही दिखाने के लिए तुमने कोख में रखा था ? महुआ अपनी माँ पर गुस्सायी–क्यों वह अकेली मर गई, जी-भर कोसती हुई बोली ।

हिरामन ने लक्ष्य किया, हीराबाई तकिये पर केहुनी गड़ाकर, गीत में मगन एकटक उसकी ओर देख रही है । ··· खोई हुई सूरत कैसी भोली लगती है !

हिरामन ने गले में कँपकँपी पैदा की–

''हूँ-ऊँ-ऊँ-रे डाइनियाँ मैयो मोरी-ई-ई,
नोनवा चटाई काहे नाहिं मारलि सौरी-घर-अ-अ ।
एहि दिनवाँ खातिर छिनरो धिया
तेंहु पोसलि कि नेनू-दूध उटगन ··· ।

हिरामन ने दम लेते हुए पूछा, ''भाखा भी समझती हैं कुछ या खाली गीत ही सुनती हैं ?''

हीरा बोली, ''समझती हूँ । उटगन माने उबटन–जो देह में लगाते हैं ।''

हिरामन ने विस्मित होकर कहा, ''इस्स !'' ··· सो रोने-धोने से क्या होए ! सौदागर ने पूरा दाम चुका दिया था महुआ का । बाल पकड़कर घसीटता हुआ नाव पर चढ़ा और माँझी को हुकुम दिया, नाव खोलो, पाल बाँधी ! पालवाली नाव परवाली चिड़िया की तरह उड़ चली । रात-भर महुआ रोती-छटपटाती रही । सौदागर के नौकरों ने बहुत डराया-धमकाया–'चुप रहो, नहीं तो उठाकर पानी में फेंक देंगे ।' बस, महुआ को बात सूझ गई । भोर का तारा मेघ की आड़ से ज़रा बाहर आया, फिर छिप गया । इधर महुआ भी छपाक से कूद पड़ी पानी में । ··· सौदागर का एक नौकर महुआ को देखते ही मोहित हो गया था । महुआ की पीठ पर वह भी कूदा । उलटी धारा में तैरना खेल नहीं, सो भी भरी भादों की नदी में । महुआ असल घटवारिन की बेटी थी । मछली भी भला थकती है पानी में ! सफरी मछली-जैसी फरफराती, पानी चीरती भागी चली जा रही है । और उसके

पीछे सौदागर का नौकर पुकार-पुकारकर कहता है –'महुआ ज़रा थमो, तुमको पकड़ने नहीं आ रहा, तुम्हारा साथी हूँ । जिंदगी-भर साथ रहेंगे हम लोग ।' लेकिन··· ।

हिरामन का बहुत प्रिय गीत है यह । महुआ घटवारिन गाते समय उसके सामने सावन-भादों की नदी उमड़ने लगती है; अमावस्या की रात और घने बादलों में रह-रहकर बिजली चमक उठती है । उसी चमक में लहरों से लड़ती हुई बारी-कुमारी महुआ की झलक उसे मिल जाती है । सफरी मछली की चाल और तेज हो जाती है । उसको लगता है, वह खुद सौदागर का नौकर है । महुआ कोई बात नहीं सुनती । परतीत करती नहीं । उलटकर देखती भी नहीं । और वह थक गया है, तैरते-तैरते ।···

इस बार लगता है महुआ ने अपने को पकड़ा दिया । खुद ही पकड़ में आ गई है । उसने महुआ को छू लिया है, पा लिया है, उसकी थकन दूर हो गई है । पंद्रह-बीस साल तक उमड़ी हुई नदी की उलटी धारा में तैरते हुए उसके मन को किनारा मिल गया है । आनंद के आँसू कोई भी रोक नहीं मानते ।···

उसने हीराबाई से अपनी गीली आँखें चुराने की कोशिश की । किंतु हीरा तो उसके मन में बैठी न जाने कब से सबकुछ देख रही थी । हिरामन ने अपनी काँपती हुई बोली को काबू में लाकर बैलों को झिड़की दी–''इस गीत में न जाने क्या है कि सुनते ही दोनों थसथसा जाते हैं । लगता है, सौ मन बोझ लाद दिया किसी ने ।''

हीराबाई लंबी साँस लेती है । हिरामन के अंग-अंग में उमंग समा जाती है ।

''तुम तो उस्ताद हो मीता !''

''इस्स !''

आसिन-कातिक का सूरज दो बाँस दिन रहते ही कुम्हला जाता है । सूरज डूबने से पहले ही ननपुर पहुँचना है, हिरामन अपने बैलों को समझा रहा है–''कदम खोलकर और कलेजा बाँधकर चलो··· ए··· छिः··· छिः ! बढ़के भैयन ! ले-ले-ले-ए हे-य !''

ननपुर तक वह अपने बैलों को ललकारता रहा । हर ललकार के पहले वह अपने बैलों को बीती हुई बातों की याद दिलाता–याद नहीं, चौधरी की बेटी की बरात में कितनी गाड़ियाँ थीं; सबको कैसे मात किया था ! हाँ, वही कदम निकालो । ले-ले-ले ! ननपुर से फारबिसगंज तीन कोस ! दो घंटे और !

ननपुर के हाट पर आजकल चाय भी बिकने लगी है । हिरामन अपने लोटे में चाय भरकर ले आया ।··· कंपनी की औरत को जानता है वह , सारा दिन, घड़ी घड़ी-भर में. चाय पीती रहती है । चाय है या जान !

हीरा हँसते-हँसते लोट-पोट हो रही है—"अरे, तुमसे किसने कह दिया कि क्वारे आदमी को चाय नहीं पीनी चाहिए ?"

हिरामन लजा गया । क्या बोले वह ? ··· लाज की बात । लेकिन वह भोग चुका है एक बार । सरकस कंपनी की मेम के हाथ की चाय पीकर उसने देख लिया है । बड़ी गर्म तासीर !

"पीजिए गुरु जी !" हीरा हँसी !

"इस्स !"

ननपुर हाट पर ही दीया-बाती जल चुकी थी । हिरामन ने अपना सफरी लालटेन जलाकर पिछवा में लटका दिया । ··· आजकल शहर से पाँच कोस दूर के गाँववाले भी अपने को शहरू समझने लगे हैं । बिना रोशनी की गाड़ी को पकड़कर चालान कर देते हैं । बारह बखेड़ा !

"आप मुझे गुरु जी मत कहिए ।"

"तुम मेरे उस्ताद हो । हमारे शास्तर में लिखा हुआ है, एक अच्छर सिखानेवाला भी गुरु और एक राग सिखानेवाला भी उस्ताद !"

"इस्स ! सास्तर-पुरान भी जानती हैं ! ··· मैंने क्या सिखाया ? मैं क्या ··· ?"

हीरा हँसकर गुनगुनाने लगी—"हे-अ-अ-अ-सावना-भादवा के-र ··· !"

हिरामन अचरज के मारे गूँगा हो गया । ··· इस्स ! इतना तेज जेहन ! हू-ब-हू महुआ घटवारिन !

गाड़ी सीताधार की एक सूखी धारा की उतराई पर गड़गड़ाकर नीचे की ओर उतरी । हीराबाई ने हिरामन का कंधा धर लिया एक हाथ से । बहुत देर तक हिरामन के कंधे पर उसकी उँगलियाँ पड़ी रहीं । हिरामन ने नजर फिराकर कंधे पर केंद्रित करने की कोशिश की, कई बार । गाड़ी चढ़ाई पर पहुँची तो हीरा की ढीली उँगलियाँ फिर तन गईं ।

सामने फारबिसगंज शहर की रोशनी झिलमिला रही है । शहर से कुछ दूर हटकर मेले की रोशनी ··· टप्पर में लटके लालटेन की रोशनी में छाया नाचती है आसपास । ··· डबडबाई आँखों से, हर रोशनी सूरजमुखी फूल की तरह दिखाई पड़ती है ।

फारबिसगंज तो हिरामन का घर-दुआर है !

न जाने कितनी बार वह फारबिसगंज आया है । मेले की लदनी लादी है ।

किसी औरत के साथ ? हाँ, एक बार । उसकी भाभी जिस साल आई थी गौने में । इसी तरह तिरपाल से गाड़ी को चारों ओर से घेरकर बासा बनाया गया था । ...

हिरामन अपनी गाड़ी को तिरपाल से घेर रहा है, गाड़ीवान-पट्टी में । सुबह होते ही रौता नौटंकी कंपनी के मैनेजर से बात करके भरती हो जाएगी हीराबाई । परसों मेला खुल रहा है । इस बार मेले में पालचट्टी खूब जमी है । ... बस, एक रात । आज रात-भर हिरामन की गाड़ी में रहेगी वह । ... हिरामन की गाड़ी में नहीं, घर में !

"कहाँ की गाड़ी है ? ... कौन, हिरामन ! किस मेले से ? किस चीज़ की लदनी है ?"

गाँव-समाज के गाड़ीवान, एक-दूसरे को खोजकर, आसपास गाड़ी लगाकर बासा डालते हैं । अपने गाँव के लालमोहर, धुन्नीराम और पलटदास वगैरह गाड़ीवानों के दल को देखकर हिरामन अचकचा गया । उधर पलटदास टप्पर में झाँककर भड़का । मानो बाघ पर नज़र पड़ गई । हिरामन ने इशारे से सभी को चुप किया । फिर गाड़ी की ओर कनखी मारकर फुसफुसाया—"चुप ! कंपनी की औरत है, नौटंकी कंपनी की ।"

"कंपनी की-ई-ई-ई !"

" ? ? ... ? ? x x ... !"

एक नहीं, अब चार हिरामन ! चारों ने अचरज से एक-दूसरे को देखा । ... कंपनी नाम में कितना असर है ! हिरामन ने लक्ष्य किया, तीनों एक साथ सटक-दम हो गए । लालमोहर ने ज़रा दूर हटकर बतियाने की इच्छा प्रकट की, इशारे से ही । हिरामन ने टप्पर की ओर मुँह करके कहा, "होटिल तो नहीं खुला होगा कोई, हलवाई के यहाँ से पक्की ले आवें !"

"हिरामन, ज़रा इधर सुनो । ... मैं कुछ नहीं खाऊँगी अभी । लो, तुम खा आओ ।"

"क्या है, पैसा ? इस्स !" ... पैसा देकर हिरामन ने कभी फारबिसगंज में कच्ची-पक्की नहीं खाई । उसके गाँव के इतने गाड़ीवान हैं, किस दिन के लिए ? वह छू नहीं सकता पैसा । उसने हीराबाई से कहा, "बेकार, मेला-बाजार में हुज्जत मत कीजिए । पैसा रखिए ।" मौका पाकर लालमोहर भी टप्पर के करीब आ गया । उसने सलाम करते हुए कहा, "चार आदमी के भात में दो आदमी खुसी से खा सकते हैं । बासा पर भात चढ़ा हुआ है । हें-हें-हें ! हम लोग एकहि गाँव के हैं । गौंआँ-गिरामिन के रहते होटिल और हलवाई के यहाँ खाएगा हिरामन ?"

हिरामन ने लालमोहर का हाथ टीप दिया—"बेसी भचर-भचर मत बको ।"

गाड़ी से चार रस्सी दूर जाते-जाते धुन्नीराम ने अपने कुलबुलाते हुए दिल की बात खोल दी—''इस्स ! तुम भी खूब हो हिरामन ! उस साल कंपनी का बाघ, इस बार कंपनी की जनानी !''

हिरामन ने दबी आवाज में कहा, ''भाई रे, यह हम लोगों के मुलुक की जनाना नहीं कि लटपट बोली सुनकर भी चुप रह जाए । एक तो पच्छिम की औरत, तिस पर कंपनी की !''

धुन्नीराम ने अपनी शंका प्रकट की—''लेकिन कंपनी में तो सुनते हैं पतुरिया रहती है ।''

''धत्त् !'' सभी ने एक साथ उसको दुरदुरा दिया, ''कैसा आदमी है ! पतुरिया रहेगी कंपनी में भला ! देखो इसकी बुद्धि । ··· सुना है, देखा तो नहीं है कभी !''

धुन्नीराम ने अपनी गलती मान ली । पलटदास को बात सूझी—''हिरामन भाई, जनाना जात अकेली रहेगी गाड़ी पर ? कुछ भी हो, जनाना आखिर जनाना ही है । कोई जरूरत ही पड़ जाए !''

यह बात सभी को अच्छी लगी । हिरामन ने कहा, ''बात ठीक है । पलट, तुम लौट जाओ, गाड़ी के पास ही रहना । और देखो, गपशप ज़रा होशियारी से करना । हाँ !''

··· हिरामन की देह से अतर-गुलाब की खुशबू निकलती है । हिरामन करमसाँड़ है । उस बार महीनों तक उसकी देह से बघाइन गंध नहीं गई । लालमोहर ने हिरामन की गमछी सूँघ ली—''ए-ह !''

हिरामन चलते-चलते रुक गया—''क्या करें लालमोहर भाई, जरा कहो तो ! बड़ी जिद्द करती है, कहती है, नौटंकी देखना ही होगा ।''

''फोकट में ही ?''

''और गाँव नहीं पहुँचेगी यह बात ?''

हिरामन बोला, ''नहीं जी ! एक रात नौटंकी देखकर जिंदगी-भर बोली-ठोली कौन सुने ? ··· देसी मुर्गी विलायती चाल !''

धुन्नीराम ने पूछा, ''फोकट में देखने पर भी तुम्हारी भौजाई बात सुनाएगी ?''

लालमोहर के बासा के बगल में, लकड़ी की दुकान लादकर आए हुए गाड़ीवानों का बासा है । बासा के मीर-गाड़ीवान मियाँजान बूढ़े ने सफरी गुड़गुड़ी पीते हुए पूछा, ''क्यों भाई, मीनाबाजार की लदनी लादकर कौन आया है ?''

मीनाबाजार ! मीनाबाजार तो पतुरिया-पट्टी को कहते हैं । ··· क्या बोलता है यह बूढ़ा मियाँ ? लालमोहर ने हिरामन के कान में फुसफुसाकर कहा, ''तुम्हारी देह मह-मह महकती है । सच !''

लहसनवाँ लालमोहर का नौकर-गाड़ीवान है । उम्र में सबसे छोटा है । पहली बार आया है तो क्या ? बाबू-बबुआइनों के यहाँ बचपन से नौकरी कर चुका है । वह रह-रहकर वातावरण में कुछ सूँघता है, नाक सिकोड़कर । हिरामन ने देखा, लहसनवाँ का चेहरा तमतम गया है । कौन आ रहा है धड़धड़ाता हुआ ?–"कौन, पलटदास ? क्या है ?"

पलटदास आकर खड़ा हो गया चुपचाप । उसका मुँह भी तमतमाया हुआ था । हिरामन ने पूछा, "क्या हुआ ? बोलते क्यों नहीं ?"

क्या जवाब दे पलटदास ! हिरामन ने उसको चेतावनी दे दी थी, गपशप होशियारी से करना । वह चुपचाप गाड़ी की आसनी पर जाकर बैठ गया, हिरामन की जगह पर । हीराबाई ने पूछा, "तुम भी हिरामन के साथ हो ?" पलटदास ने गरदन हिलाकर हामी भरी । हीराबाई फिर लेट गई । ··· चेहरा-मोहरा और बोली-बानी देख-सुनकर, पलटदास का कलेजा काँपने लगा; न जाने क्यों । हाँ ! रामलीला में सिया सुकुमारी इसी तरह थकी लेटी हुई थी । जै ! सियावर रामचंद्र की जै ! ··· पलटदास के मन में जै-जैकार होने लगा । वह दास-बैस्नव है, कीर्तनिया है । थकी हुई सीता महारानी के चरण टीपने की इच्छा प्रकट की उसने, हाथ की उँगलियों के इशारे से; मानो हारमोनियम की पटरियों पर नचा रहा हो । हीराबाई तमककर बैठ गई–"अरे, पागल है क्या ? जाओ, भागो ! ···"

पलटदास को लगा, गुस्साई हुई कंपनी की औरत की आँखों से चिनगारी निकल रही है–छटक्-छटक् ! वह भागा ।···

पलटदास क्या जवाब दे ! वह मेला से भी भागने का उपाय सोच रहा है । बोला, "कुछ नहीं । हमको व्यापारी मिल गया । अभी ही टीसन जाकर माल लादना है । भात में तो अभी देर है । मैं लौट आता हूँ तब तक ।"

खाते समय धुन्नीराम और लहसनवाँ ने पलटदास की टोकरी-भर निन्दा की । छोटा आदमी है । कमीना है । पैसे-पैसे का हिसाब जोड़ता है । खाने-पीने के बाद लालमोहर के दल ने अपना बासा तोड़ दिया । धुन्नी और लहसनवाँ गाड़ी जोतकर हिरामन के बासा पर चले, गाड़ी की लीक धरकर । हिरामन ने चलते-चलते रुककर, लालमोहर से कहा, "ज़रा मेरे इस कंधे को सूँघो तो । सूँघकर देखो न ?"

लालमोहर ने कंधा सूँघकर आँखें मूँद लीं । मुँह से अस्फुट शब्द निकला–"ए-ह !"

हिरामन ने कहा, "ज़रा-सा हाथ रखने पर इतनी खुशबू ! ··· समझे !"

लालमोहर ने हिरामन का हाथ पकड़ लिया–"कंधे पर हाथ रखा था ! सच ? ··· सुनो हिरामन, नौटंकी देखने का ऐसा मौका फिर कभी हाथ नहीं लगेगा । हाँ !"

"तुम भी देखोगे ?"

लालमोहर की बत्तीसी चौराहे की रोशनी में झिलमिला उठी ।

बासा पर पहुँचकर हिरामन ने देखा, टप्पर के पास खड़ा बतिया रहा है कोई, हीराबाई से । धुन्नी और लहसनवाँ ने एक ही साथ कहा, "कहाँ रह गए पीछे ? बहुत देर से खोज रही है कंपनी ···!"

हिरामन ने टप्पर के पास जाकर देखा—अरे, यह तो वही बक्सा ढोनेवाला नौकर, जो चंपानगर मेले में हीराबाई को गाड़ी पर बिठाकर अँधेरे में गायब हो गया था ।

"आ गए हिरामन ! अच्छी बात, इधर आओ । ··· यह लो अपना भाड़ा और यह लो अपनी दच्छिना ! पच्चीस-पच्चीस, पचास ।"

हिरामन को लगा, किसी ने आसमान से धकेलकर धरती पर गिरा दिया । किसी ने क्यों, इस बक्सा ढोनेवाला आदमी ने । कहाँ से आ गया ? उसकी जीभ पर आई हुई बात जीभ पर ही रह गई ··· इस्स ! दच्छिना ! वह चुपचाप खड़ा रहा ।

हीराबाई बोली, "लो, पकड़ो ! और सुनो, कल सुबह रौता कंपनी में आकर मुझसे भेंट करना । पास बनवा दूँगी । ··· बोलते क्यों नहीं ?"

लालमोहर ने कहा, "इलाम-बकसीस दे रही है मालकिन, ले लो हिरामन !" हिरामन ने कटकर लालमोहर की ओर देखा । ··· बोलने का ज़रा भी ढंग नहीं इस लालमोहरा को ।

धुन्नीराम की स्वगतोक्ति सभी ने सुनी, हीराबाई ने भी—गाड़ी-बैल छोड़कर नौटंकी कैसे देख सकता है कोई गाड़ीवान, मेले में ?

हिरामन ने रुपया लेते हुए कहा, "क्या बोलेंगे !" उसने हँसने की चेष्टा की । ··· कंपनी की औरत कंपनी में जा रही है । हिरामन का क्या ! बक्सा ढोनेवाला रास्ता दिखाता हुआ आगे बढ़ा—"इधर से ।" हीराबाई जाते-जाते रुक गई । हिरामन के बैलों को संबोधित करके बोली, "अच्छा, मैं चली भैयन !"

बैलों ने, भैया शब्द पर कान हिलाए ।

"??···x x··· !"

"भा-इ-यो, आज रात ! दि रौता संगीत नौटंकी कंपनी के स्टेज पर ! गुलबदन देखिए, गुलबदन ! अपको यह जानकर खुशी होगी कि मथुरामोहन कंपनी की मशहूर एक्ट्रेस मिस हीरादेवी, जिसकी एक-एक अदा पर हजार जान फिदा हैं, इस बार हमारी कंपनी में आ गई हैं । याद रखिए । आज की रात । मिस हीरादेवी

गुलबदन ··· !"

नौटंकीवालों के इस एलान से मेले की हर पट्टी में सरगर्मी फैल रही है । ··· हीराबाई ? मिस हीरादेवी ? लैला, गुलबदन ··· ? फिलिम एक्ट्रेस को मात करती है ।

··· तेरी बाँकी अदा पर मैं खुद हूँ फिदा,
तेरी चाहत को दिलबर बयाँ क्या करूँ !
यही खाहिश है कि इ-इ-इ तू मुझको देखा करे
और दिलोजान मैं तुमको देखा करूँ ।

··· किर्र-र्र-र्र-र्र ··· कड़ड़ड़ड़र्र-र्र-घन-घन- धड़ाम ।

हर आदमी का दिल नगाड़ा हो गया है !

लालमोहर दौड़ता-हाँफता बासा पर आया—"ऐ, ऐ हिरामन, यहाँ क्या बैठे हो, चलकर देखो जै-जैकार हो रहा है ! मय बाजा-गाजा, छापी-फाहरम के साथ हीराबाई की जै-जै कर रहा हूँ ।"

हिरामन हड़बड़ाकर उठा । लहसनवाँ ने कहा, "धुन्नी काका, तुम बासा पर रहो, मैं भी देख आऊँ ।"

धुन्नी की बात कौन सुनता है । तीनों जन नौटंकी कंपनी की एलानिया पार्टी के पीछे-पीछे चलने लगे । हर नुक्कड़ पर रुककर, बाजा बंद करके एलान किया जाना है । एलान के हर शब्द पर हिरामन पुलक उठता है । हीराबाई का नाम, नाम के साथ अदा-फिदा वगैरह सुनकर उसने लालमोहर की पीठ थपथपा दी—"धन्न है, धन्न है ! है या नहीं ?"

लालमोहर ने कहा, "अब बोलो ! अब भी नौटंकी नहीं देखोगे ?" सुबह से ही धुन्नीराम और लालमोहर समझा रहे थे, समझाकर हार चुके थे—"कंपनी में जाकर भेंट कर आओ । जाते-जाते पुरसिस कर गई हैं ।" लेकिन हिरामन की बस एक बात—"धत्त, कौन भेंट करने जाए ! कंपनी की औरत, कंपनी में गई । अब उससे क्या लेना-देना ! चीन्हेगी भी नहीं !"

वह मन-ही-मन रूठा हुआ था । एलान सुनने के बाद उसने लालमोहर से कहा, "जरूर देखना चाहिए, क्यों लालमोहर ?"

दोनों आपस में सलाह करके रौता कंपनी की ओर चले । खेमे के पास पहुँचकर हिरामन ने लालमोहर को इशारा किया, पूछताछ करने का भार लालमोहर के सिर । लालमोहर कचराही बोलना जानता है । लालमोहर ने एक काले कोटवाले से कहा, "बाबू साहेब, जरा सुनिए तो !"

काले कोटवाले ने नाक-भौं चढ़ाकर कहा—"क्या है ? इधर क्यों ?"

लालमोहर की कचराही बोली गड़बड़ा गई—तेवर देखकर बोला, "गुलगुल ··· नहीं-नहीं ··· बुल-बुल ··· नहीं ··· ।"

हिरामन ने झट-से सम्हाल दिया—"हीरादेवी किधर रहती हैं, बता सकते हैं ?"

उस आदमी की आँखें हठात् लाल हो गईं । सामने खड़े नेपाली सिपाही को पुकारकर कहा, "इन लोगों को क्यों आने दिया इधर ?"

"हिरामन !" ··· वही फेनूगिलासी आवाज किधर से आई ? खेमे के परदे को हटाकर हीराबाई ने बुलाया—"यहाँ आ जाओ, अंदर ! ··· देखो, बहादुर ! इसको पहचान लो । यह मेरा हिरामन है । समझे ?"

नेपाली दरबान हिरामन की ओर देखकर ज़रा मुस्कराया और चला गया । काले कोटवाले से जाकर कहा, "हीराबाई का आदमी है । नहीं रोकने बोला !"

लालमोहर पान ले आया नेपाली दरबान के लिए—"खाया जाए !"

"इस्स ! एक नहीं, पाँच पास । चारों अठनिया ! बोली कि जब तक मेले में हो, रोज रात में आकर देखना । सबका खयाल रखती है । बोली कि तुम्हारे और साथी हैं, सभी के लिए पास ले जाओ । कंपनी की औरतों की बात निराली होती है ! है या नहीं ?"

लालमोहर ने लाल कागज़ के टुकड़ों को छूकर देखा—"पा-स ! वाह रे हिरामन भाई ! ··· लेकिन पाँच पास लेकर क्या होगा ? पलटदास तो फिर पलटकर आया ही नहीं है अभी तक ।"

हिरामन ने कहा, "जाने दो अभागे को । तकदीर में लिखा नहीं । ··· हाँ, पहले गुरुकसम खानी होगी सभी को, कि गाँव-घर में यह बात एक पंछी भी न जान पाए ।"

लालमोहर ने उत्तेजित होकर कहा, "कौन साला बोलेगा, गाँव में जाकर ? पलटा ने अगर बदनामी की तो दूसरी बार से फिर साथ नहीं लाऊँगा ।"

हिरामन ने अपनी थैली आज हीराबाई के जिम्मे रख दी है । मेले का क्या ठिकाना ! किस्म-किस्म के पाकिटकाट लोग हर साल आते हैं । अपने साथी-संगियों का भी क्या भरोसा ! हीराबाई मान गई । हिरामन के कपड़े की काली थैली को उसने अपने चमड़े के बक्स में बंद कर दिया । बक्से के ऊपर भी कपड़े का खोल और अंदर भी झलमल रेशमी अस्तर ! मन का मान-अभिमान दूर हो गया ।

लालमोहर और धुन्नीराम ने मिलकर हिरामन की बुद्धि की तारीफ की; उसके भाग्य को सराहा बार-बार । उसके भाई और भाभी की निंदा की, दबी जबान से ।

हिरामन के जैसा हीरा भाई मिला है, इसीलिए ! कोई दूसरा भाई होता तो ··· ।"

लहसनवाँ का मुँह लटका हुआ है । एलान सुनते-सुनते न जाने कहाँ चला गया कि घड़ी-भर साँझ, होने के बाद लौटा है । लालमोहर ने एक मालिकाना झिड़की दी है, गाली के साथ—"सोहदा कहीं का !"

धुन्नीराम ने चूल्हे पर खिचड़ी चढ़ाते हुए कहा, "पहले यह फैसला कर लो कि गाड़ी के पास कौन रहेगा !"

"रहेगा कौन, यह लहसनवाँ कहाँ जाएगा ?"

लहसनवाँ रो पड़ा—"ऐ-ए-ए मालिक, हाथ जोड़ते हैं । एक्को झलक ! बस, एक झलक !"

हिरामन ने उदारतापूर्वक कहा, "अच्छा-अच्छा, एक झलक क्यों, एक घंटा देखना । मैं आ जाऊँगा ।"

नौटंकी शुरू होने के दो घंटे पहले ही नगाड़ा बजना शुरू हो जाता है । और नगाड़ा शुरू होते ही लोग पतिंगों की तरह टूटने लगते हैं । टिकटघर के पास भीड़ देखकर हिरामन को बड़ी हँसी आई—'लालमोहर, उधर देख, कैसी धक्कमधुक्की कर रहे हैं लोग !"

"हिरामन भाय !"

"कौन, पलटदास ! कहाँ की लदनी लाद आए ?" लालमोहर ने पराए गाँव के आदमी की तरह पूछा ।

पलटदास ने हाथ मलते हुए माफी माँगी—"कसूरवार हैं ; जो सजा दो तुम लोग, सब मंजूर है । लेकिन सच्ची बात कहें कि सिया सुकुमारी··· ।"

हिरामन के मन का पुरइन नगाड़े के ताल पर विकसित हो चुका है । बोला, 'देखो पलटा, यह मत समझना कि गाँव-घर की जनाना है । देखो, तुम्हारे लिए भी पास दिया है; पास ले लो अपना, तमासा देखो ।"

लालमोहर ने कहा, "लेकिन एक सर्त पर पास मिलेगा। बीच-बीच में लहसनवाँ को भी··· ।"

पलटदास को कुछ बताने की जरूरत नहीं । वह लहसनवाँ से बातचीत कर आया है अभी ।

लालमोहर ने दूसरी शर्त सामने रखी—"गाँव में अगर यह बात मालूम हुई किसी तरह··· !"

"राम-राम !" दाँत से जीभ को काटते हुए कहा पलटदास ने ।

पलटदास ने बताया–"अठनिया फाटक इधर है।" फाटक पर खड़े दरबान ने हाथ से पास लेकर उनके चेहरे को बारी-बारी से देखा, बोला, "यह तो पास है। कहाँ से मिला?"

अब लालमोहर की कचराही बोली सुने कोई! उसके तेवर देखकर दरबान घबरा गया–"मिलेगा कहाँ से? अपनी कंपनी से पूछ लीजिए जाकर। चार ही नहीं, देखिए एक और है।" जेब से पाँचवाँ पास निकालकर दिखाया लालमोहर ने।

एक रुपयावाले फाटक पर नेपाली दरबान खड़ा था। हिरामन ने पुकारकर कहा, "ए सिपाही दाजू, सुबह को ही पहचनवा दिया और अभी भूल गए?"

नेपाली दरबान बोला, "हीराबाई का आदमी है सब। जाने दो। पास हैं तो फिर काहे को रोकता है?"

अठनिया दर्जा!

तीनों ने 'कपड़घर' को अंदर से पहली बार देखा। सामने कुरसी-बेंचवाले दर्जे हैं। परदे पर राम-बन-गमन की तसवीर है। पलटदास पहचान गया। उसने हाथ जोड़कर नमस्कार किया, परदे पर अंकित रामसिया सुकुमारी और लखनलला को। "जै हो, जै हो!" पलटदास की आँखें भर आईं।

हिरामन ने कहा, "लालमोहर, छापी सभी खड़े हैं या चल रहे हैं?"

लालमोहर अपने बगल में बैठे दर्शकों से जान-पहचान कर चुका है। उसने कहा, "खेला अभी परदा के भीतर है। अभी जमिनका दे रहा है, लोग जमाने के लिए।"

पलटदास ढोलक बजाना जानता है, इसलिए नगाड़े के ताल पर गरदन हिलाता है और दियासलाई पर ताल काटता है। बीड़ी आदान-प्रदान करके हिरामन ने भी एकाध जान-पहचान कर ली। लालमोहर के परिचित आदमी ने चादर से देह ढकते हुए कहा, "नाच शुरू होने में अभी देर है, तब तक एक नींद ले लें।... सब दर्जा से अच्छा अठनिया दर्जा। सबसे पीछे सबसे ऊँची जगह पर है। जमीन पर गरम पुआल! हे-हे! कुरसी-बेंच पर बैठकर इस सरदी के मौसम में तमासा देखनेवाले अभी घुच-घुचकर उठेंगे चाह पीने।"

उस आदमी ने अपने संगी से कहा "खेला शुरू होने पर जगा देना। नहीं-नहीं, खेला शुरू होने पर नहीं, हिरिया जब स्टेज पर उतरे, हमको जगा देना।"

हिरामन के कलेजे में ज़रा आँच लगी।... हिरिया! बड़ा लटपटिया आदमी मालूम पड़ता है। उसने लालमोहर को आँख के इशारे से कहा, "इस आदमी से बतियाने की जरूरत नहीं।"

...घन-घन-घन-धड़ाम! परदा उठ गया। हे-ए, हे-ए, हीराबाई शुरू में ही

उतर गई स्टेज पर ! कपड़घर खचमखच्च भर गया है । हिरामन का मुँह अचरज मे खुल गया । लालमोहर को न जाने क्यों ऐसी हँसी आ रही है । हीराबाई के गीत के हर पद पर वह हँसता है, बेवजह ।

गुलबदन दरबार लगाकर बैठी है । एलान कर रही है ; जो आदमी तख्तहजारा बनाकर ला देगा, मुँहमाँगी चीज इनाम में दी जाएगी । ... अजी, है कोई ऐसा फनकार, तो हो जाए तैयार, बनाकर लाए तख्तहजारा-आ ! किड़किड़-किर्रि– ! अलबत्त नाचती है ! क्या गला है ! मालूम है, यह आदमी कहता है कि हीराबाई पान-बीड़ी, सिगरेट-जर्दा कुछ नहीं खाती ! ...ठीक कहता है । बड़ी नेमवाली रंडी है । ...कौन कहता है कि रंडी है ! दाँत में मिस्सी कहाँ है । पौडर से दाँत धो लेती होगी । हरगिज नहीं । ...कौन आदमी है, बात की बेबात करता है ! कंपनी की औरत को पतुरिया कहता है ! तुमको बात क्यों लगी ? कौन है रंडी का भड़वा ? मारो साले को ! मारो ! तेरी... ।

हो-हल्ले के बीच, हिरामन की आवाज कपड़घर को फाड़ रही है–"आओ, एक-एक की गरदन उतार लेंगे ।"

लालमोहर दुलाली से पटापट पीटता जा रहा है सामने के लोगों को । पलटदास एक आदमी की छाती पर सवार है–"साला, सिया सुकुमारी को गाली देता है, सो भी मुसलमान होकर ?"

धुन्नीराम शुरू से ही चुप था । मारपीट शुरू होते ही वह कपड़घर से निकलकर बाहर भागा ।

काले कोटवाले नौटंकी के मैनेजर नेपाली सिपाही के साथ दौड़े आए । दारोगा साहब ने हंटर से पीट-पाट शुरू की । हंटर खाकर लालमोहर तिलमिला उठा ; कचराही बोली में भाषण देने लगा–"दारोगा साहब, मारते हैं, मारिए । कोई हर्ज नहीं । लेकिन यह पास देख लीजिए, एक पास पाकिट में भी है । देख सकते हैं हुजूर । टिकस नहीं, पास ! ... तब हम लोगों के सामने कंपनी की औरत को कोई बुरी बात कहे तो कैसे छोड़ देंगे ?"

कंपनी के मैनेजर की समझ में आ गई सारी बात । उसने दारोगा को समझाया–"हुजूर, मैं समझ गया । यह सारी बदमाशी मथुरामोहन कंपनीवालों की है । तमाशे में झगड़ा खड़ा करके कंपनी को बदनाम... नहीं हुजूर, इन लोगों को छोड़ दीजिए, हीराबाई के आदमी हैं । बेचारी की जान खतरे में है । हुजूर से कहा था न !"

हीराबाई का नाम सुनते ही दारोगा ने तीनों को छोड़ दिया । लेकिन तीनों की दुआली छीन ली गई । मैनेजर ने तीनों को एक रुपएवाले दरजे में कुरसी पर

बिठाया—"आप लोग यहीं बैठिए। पान भिजवा देता हूँ।" कपड़घर शांत हुआ और हीराबाई स्टेज पर लौट आई।

नगाड़ा फिर घनघना उठा।

थोड़ी देर बाद तीनों को एक ही साथ धुन्नीराम का खयाल हुआ—अरे, धुन्नीराम कहाँ गया?

"मालिक, ओ मालिक!" लहसनवाँ कपड़घर से बाहर चिल्लाकर पुकार रहा है, "ओ लालमोहर मा-लि-क!"

लालमोहर ने तारस्वर में जवाब दिया—"इधर से, उधर से! एकटकिया फाटक से।" सभी दर्शकों ने लालमोहर की ओर मुड़कर देखा। लहसनवाँ को नेपाली सिपाही लालमोहर के पास ले आया। लालमोहर ने जेब से पास निकालकर दिखा दिया। लहसनवाँ ने आते ही पूछा, "मालिक, कौन आदमी क्या बोल रहा था? बोलिए तो ज़रा। चेहरा दिखला दीजिए, उसकी एक झलक!"

लोगों ने लहसनवाँ की चौड़ी और सपाट छाती देखी। जाड़े के मौसम में भी खाली देह!···चेले-चाटी के साथ हैं ये लोग!

लालमोहर ने लहसनवाँ को शांत किया।

···तीनों-चारों से मत पूछे कोई, नौटंकी में क्या देखा। किस्सा कैसे याद रहे! हिरामन को लगता था, हीराबाई शुरू से ही उसीकी ओर टकटकी लगाकर देख रही है, गा रही है, नाच रही है। लालमोहर को लगता था, हीराबाई उसी की ओर देखती है। वह समझ गई है, हिरामन से भी ज़्यादा पावरवाला आदमी है लालमोहर! पलटदास किस्सा समझता है।···किस्सा और क्या होगा, रमैन की ही बात। वही राम, वही सीता, वही लखनलाल और वही रावन! सिया सुकुमारी को राम जी से छीनने के लिए रावन तरह-तरह का रूप धरकर आता है। राम और सीता भी रूप बदल लेते हैं। यहाँ भी तख्त-हजारा बनानेवाला माली का बेटा राम है। गुलबदन मिया सुकुमारी है। माली के लड़के का दोस्त लखनलला है और सुलतान है रावन।···धुन्नीराम को बुखार है तेज! लहसनवाँ को सबसे अच्छा जोकर का पार्ट लगा है···चिरैया तोंहके लेके ना जइवै नरहट के बजरिया! वह उस जोकर से दोस्ती लगाना चाहता है।···नहीं लगावेगा दोस्ती, जोकर साहब?

हिरामन को एक गीत की आधी कड़ी हाथ लगी है—'मारे गए गुलफाम!' कौन था यह गुलफाम? हीराबाई रोती हुई गा रही थी—"अजी हाँ, मरे गए गुलफाम!" टिड़िड़िड़ि···बेचारा गुलफाम!

तीनों को दुआली वापस देते हुए पुलिस के सिपाही ने कहा, "लाठी-दुआली लेकर नाच देखने आते हो?"

दूसरे दिन मेले-भर में यह बात फैल गई—मथुरामोहन कंपनी से भागकर आई है हीराबाई, इसलिए इस बार मथुरामोहन कंपनी नहीं आई है। ...उसके गुंडे आए हैं। ...हीराबाई भी कम नहीं। बड़ी खेलाड़ औरत है। तेरह-तेरह देहाती लठैत पाल रही है। ...'वाह मेरी जान' भी कहे तो कोई! मजाल है!

दस दिन ...दिन-रात! ...

दिन-भर भाड़ा ढोता हिरामन। शाम होते ही नौटंकी का नगाड़ा बजने लगता। नगाड़े की आवाज सुनते ही हीराबाई की पुकार कानों के पास मँडराने लगती—भैया ...मीता ...हिरामन ...उस्ताद ...गुरु जी! हमेशा कोई-न-कोई बाजा उसके मन के कोने में बजता रहता, दिन-भर। कभी हारमोनियम, कभी नगाड़ा, कभी ढोलक और कभी हीराबाई की पैजनी। उन्हीं साजों की गत पर हिरामन उठता-बैठता, चलता-फिरता। नौटंकी कंपनी के मैनेजर से लेकर परदा खींचनेवाले तक उसको पहचानते हैं। ...हीराबाई का आदमी है।

पलटदास हर रात नौटंकी शुरू होने के समय श्रद्धापूर्वक स्टेज को नमस्कार करता, हाथ जोड़कर। लालमोहर, एक दिन अपनी कचराही बोली सुनाने गया था हीराबाई को। हीराबाई ने पहचाना ही नहीं। तब से उसका दिल छोटा हो गया है। उसका नौकर लहसनवाँ उसके हाथ से निकल गया है, नौटंकी कंपनी में भर्ती हो गया है। जोकर से उसकी दोस्ती हो गई है। दिन-भर पानी भरता है, कपड़े धोता है। कहता है, गाँव में क्या है जो जाएँगे! लालमोहर उदास रहता है। धुन्नीराम घर चला गया है, बीमार होकर।

हिरामन आज सुबह से तीन बार लदनी लादकर स्टेशन आ चुका है। आज न जाने क्यों उसको अपनी भौजाई की याद आ रही है। ...धुन्नीराम ने कुछ कह तो नहीं दिया है, बुखार की झोंक में! यहीं कितना अटर-पटर बक रहा था—गुलबदन, तख्त-हजारा! ...लहसनवाँ मौज में है। दिन-भर हीराबाई को देखता होगा। कल कह रहा था, हिरामन मालिक, तुम्हारे अकबाल से खूब मौज में हूँ। हीराबाई की साड़ी धोने के बाद कठौते का पानी अतरगुलाब हो जाता है। उसमें अपनी गमछी डुबाकर छोड़ देता हूँ। लो, सूँघोगे? ...हर रात, किसी-न-किसी के मुँह से सुनता है वह—हीराबाई रंडी है। कितने लोगों से लड़े वह! बिना देखे ही लोग कैसे कोई बात बोलते हैं! राजा को भी लोग पीठ-पीछे गाली देते हैं! ...आज वह हीराबाई से मिलकर कहेगा, नौटंकी कंपनी में रहने से बहुत बदनाम करते हैं लोग। सरकस कंपनी में क्यों नहीं काम करती? ...सबके सामने नाचती है, हिरामन का कलेजा

दप-दप जलता रहता है उस समय। सरकस कंपनी में बाघ को... उसके पास जाने की हिम्मत कौन करेगा! सुरक्षित रहेगी हीराबाई!... किधर की गाड़ी आ रही है?

"हिरामन, ए हिरामन भाय!" लालमोहर की बोली सुनकर हिरामन ने गरदन मोड़कर देखा।... क्या लादकर लाया है लालमोहर?

"तुमको ढूँढ़ रही है हीराबाई, इस्टिसन पर। जा रही है।" एक ही साँस में सुना गया। लालमोहर की गाड़ी पर ही आई है मेले से।

"जा रही है? कहाँ? हीराबाई रेलगाड़ी से जा रही है?"

हिरामन ने गाड़ी खोल दी। मालगुदाम के चौकीदार से कहा, "भैया, ज़रा गाड़ी-बैल देखते रहिए। आ रहे हैं।"

"उस्ताद!" जनाना मुसाफिरखाने के फाटक के पास हीराबाई ओढ़नी से मुँह-हाथ ढककर खड़ी थी। थैली बढ़ाती हुई बोली, "लो! हे भगवान! भेंट हो गई, चलो, मैं तो उम्मीद खो चुकी थी। तुमसे अब भेंट नहीं हो सकेगी।... मैं जा रही हूँ गुरु जी!"

बक्सा ढोनेवाला आदमी आज कोट-पतलून पहनकर बाबूसाहब बन गया है। मालिकों की तरह कुलियों को हुकम दे रहा है—"जनाना दर्जा में चढ़ाना। अच्छा?"

हिरामन हाथ में थैली लेकर चुपचाप खड़ा रहा। करते के अंदर से थैली निकालकर दी है हीराबाई ने।... चिड़िया की देह की तरह गर्म है थैली।

"गाड़ी आ रही है।" बक्सा ढोनेवाले ने मुँह बनाते हुए हीराबाई की ओर देखा। उसके चेहरे का भाव स्पष्ट है—इतना ज्यादा क्या है...?

हीराबाई चंचल हो गई। बोली, "हिरामन, इधर आओ, अंदर। मैं फिर लौटकर जा रही हूँ मथुरामोहन कंपनी में। अपने देश की कंपनी है।... बनैली मेला आओगे न?"

हीराबाई ने हिरामन के कंधे पर हाथ रखा... इस बार दाहिने कंधे पर। फिर अपनी थैली से रुपया निकालते हुए बोली, "एक गरम चादर खरीद लेना...।"

हिरामन की बोली फूटी, इतनी देर के बाद—"इस्स! हरदम रुपैया-पैसा! रखिए रुपैया!... क्या करेंगे चादर?"

हीराबाई का हाथ रुक गया। उसने हिरामन के चेहरे को गौर से देखा। फिर बोली, "तुम्हारा जी बहुत छोटा हो गया है। क्यों मीता?... महुआ घटवारिन को सौदागर ने खरीद जो लिया है गुरु जी!"

गला भर आया हीराबाई का। बक्सा ढोनेवाले ने बाहर से आवाज दी—"गाड़ी आ गई।" हिरामन कमरे से बाहर निकल आया। बक्सा ढोनेवाले ने नौटंकी के जोकर-जैसा मुँह बनाकर कहा, "'लाटफारम' से बाहर भागो। बिना टिकट के

पकड़ेगा तो तीन महीने की हवा ... ।"

हिरामन चुपचाप फाटक से बाहर जाकर खड़ा हो गया । ...टीसन की बात, रेलवे का राज ! नहीं तो इस बक्सा ढोनेवाले का मुँह सीधा कर देता हिरामन ।

हीराबाई ठीक सामनेवाली कोठरी में चढ़ी । इस्स ! इतना टान ! गाड़ी में बैठकर भी हिरामन की ओर देख रही है, टुकुर-टुकुर । ...लालमोहर को देखकर जी जल उठता है, हमेशा पीछे-पीछे; हरदम हिस्सादारी सूझती है ।

गाड़ी ने सीटी दी । हिरामन को लगा, उसके अंदर से कोई आवाज निकलकर सीटी के साथ ऊपर की ओर चली गई—कू-ऊ-ऊ ! इ-स्स ... !

—छी-ई-ई-छक्क ! गाड़ी हिली । हिरामन ने अपने दाहिने पैर के अँगूठे को बाएँ पैर की एड़ी से कुचल लिया । कलेजे की धड़कन ठीक हो गई । ...हीराबाई हाथ की बैंगनी साफी से चेहरा पोंछती है । साफी हिलाकर इशारा करती है ...अब जाओ । ...आखिरी डिब्बा गुजरा; प्लेटफार्म खाली ...सब खाली ... खोखले ... मालगाड़ी के डिब्बे ! दुनिया ही खाली हो गई मानो ! हिरामन अपनी गाड़ी के पास लौट आया ।

हिरामन ने लालमोहर से पूछा, "तुम कब तक लौट रहे हो गाँव ?"

लालमोहर बोला, "अभी गाँव जाकर क्या करेंगे ? यही तो भाड़ा कमाने का मौका है ! हीराबाई चली गई, मेला अब टूटेगा ।"

—"अच्छी बात । कोई समाद देना है घर ?"

लालमोहर ने हिरामन को समझाने की कोशिश की । लेकिन हिरामन ने अपनी गाड़ी गाँव की ओर जानेवाली सड़क की ओर मोड़ दी । ...अब मेले में क्या धरा है ! खोखला मेला !

रेलवे लाइन की बगल से बैलगाड़ी की कच्ची सड़क गई है दूर तक । हिरामन कभी रेल पर नहीं चढ़ा है । उसके मन में फिर पुरानी लालसा झाँकी, रेलगाड़ी पर सवार होकर, गीत गाते हुए जगरनाथ-धाम जाने की लालसा । ...उलटकर अपने खाली टप्पर की ओर देखने की हिम्मत नहीं होती है । पीठ में आज भी गुदगुदी लगती है । आज भी रह-रहकर चंपा का फूल खिल उठता है, उसकी गाड़ी में । एक गीत की टूटी कड़ी पर नगाड़े का ताल कट जाता है, बार-बार ! ...

उसने उलटकर देखा, बोरे भी नहीं, बाँस भी नहीं, बाघ भी नहीं—परी ...देवी ... मीता ...हीरादेवी ...महुआ घटवारिन—को-ई नहीं । मरे हुए मुहूर्तों की गूँगी आवाजें मुखर होना चाहती हैं । हिरामन के होंठ हिल रहे हैं । शायद वह तीसरी कसम खा रहा है—कंपनी की औरत की लदनी ... ।

हिरामन ने हठात् अपने दोनों बैलों को झिड़की दी, दुआली से मारते हुए बोला, "रेलवे लाइन की ओर उलट-उलटकर क्या देखते हो ?" दोनों बैलों ने कदम खोलकर चाल पकड़ी । हिरामन गुनगुनाने लगा—"अजी हाँ, मारे गए गुलफाम ... !"

●●●